WIDDER

Kleine Astro-Botschaften für jeden Tag des Jahres

WIDDER

*Kleine Astro-Botschaften
für jeden Tag des Jahres*

© Naumann & Göbel Verlagsgesellschaft mbH
Emil-Hoffmann-Str. 1
D-50996 Köln

Gesamtherstellung: Naumann & Göbel Verlagsgesellschaft mbH, Köln
Alle Rechte vorbehalten

ISBN 978-3-625-11754-4

www.naumann-goebel.de

VORWORT

Instinktiv und dynamisch begegnet der Widder-Geborene den Herausforderungen des hektischen Alltags, um alle Lebensbereiche im Gleichgewicht zu halten. Für dieses nicht immer ganz leichte Unterfangen finden Sie in diesem Büchlein Ihre ganz persönliche Ruheinsel, die Sie mal mit heiteren, mal mit nachdenklich stimmenden Zitaten erdet und zu den elementaren Dingen des Lebens zurückführt. Nehmen Sie sich jeden Morgen etwas Zeit, über das Zitat nachzudenken. So werden Sie im Einklang mit sich selbst und energiegeladen in den neuen Tag gehen und auch Ihr Umfeld positiv beeinflussen.

»Lese jeden Tag etwas, was sonst niemand liest.
Denke jeden Tag etwas, was sonst niemand denkt.
Tue jeden Tag etwas, was sonst
niemand albern genug wäre, zu tun.
Es ist schlecht für den Geist,
andauernd Teil der Einmütigkeit zu sein.«

Gotthold Ephraim Lessing

Januar

1. Januar

Verständnis kommt uns durch die Liebe.

Richard Wagner

Ereignis des Tages: Der Euro, Europas erste gemeinsame Währung, geht an den Start (2002).

Geburtstag: Lorenzo Medici, ital. Bankier und Dichter (1449–1492)

2. Januar

Du kannst Dein Leben nicht verlängern
und Du kannst es auch nicht verbreitern.
Aber Du kannst es vertiefen!

Gorch Fock

Ereignis des Tages: Geburtsstunde der Comichelden Asterix und Obelix (1959).

Geburtstag: Mily Balakirew, russ. Komponist (1837–1910)

3. Januar

Von der Natur aus gibt es weder Gutes noch Böses.
Diesen Unterschied hat die menschliche Meinung gemacht.

Sextus Empiricus

Ereignis des Tages: Der Reformator Martin Luther wird aus der Gemeinschaft der katholischen Kirche ausgeschlossen (1521).

Geburtstag: Michael Schumacher, dt. Rennfahrer (1969)

4. Januar

Dass mir mein Hund das Liebste sei,
sagst du oh Mensch, sei Sünde,
mein Hund ist mir im Sturme treu,
der Mensch nicht mal im Winde.

Franz von Assisi

Ereignis des Tages: Der amerikanische Landroboter »Spirit« setzt auf dem Mars auf. Am Tage darauf sendet er Farbaufnahmen in bester Qualität zu Erde (2004).

Geburtstag: Louis Braille, frz. Blindenlehrer (1809–1852)

5. Januar

Wahrhaftigkeit und Politik wohnen selten unter einem Dach.

Marie Antoinette

Ereignis des Tages: In Paris wird das Theaterstück »Warten auf Godot« von Samuel Beckett uraufgeführt (1953).

Geburtstag: Juan Carlos I., span. König (1938)

6. Januar

Jeder glaubt nur das, worauf ihn der Zufall gebracht hat.

Empedokles

Ereignis des Tages: Eröffnung des Bolschoi-Theaters in Moskau, das später zu einer Ruhmesstätte russischen Balletts wird (1825).

Geburtstag: Henry Maske, dt. Boxer (1964)

7. Januar

Ist eine Sache geschehen, rede nicht darüber;
es ist schwer, verschüttetes Wasser wieder zu sammeln.

Chinesisches Sprichwort

Ereignis des Tages: Die Welt der Comicfiguren wird um Buck Rogers und Tarzan bereichert (1929).

Geburtstag: Nicolas Cage, amerik. Schauspieler (1964)

8. Januar

Wir müssen auf die Stimme unserer Seele hören,
wenn wir gesunden wollen.

Hildegard von Bingen

Ereignis des Tages: Das Fürstentum Monaco feiert 700-jähriges Bestehen (1997).
Geburtstag: David Bowie, engl. Sänger (1947)

9. Januar

An seinen Idealen zugrunde gehen können
heißt lebensfähig sein.

Peter Altenberg

Ereignis des Tages: Die US Regierung erklärt den festgenommenen irakischen Ex-Diktator Saddam Hussein offiziell zum Kriegsgefangenen (2004).

Geburtstag: Kurt Tucholsky, dt. Schriftsteller (1890–1935)

10. Januar

Die Stunden, nicht die Tage,
sind die Stützpunkte unserer Erinnerung.

Joachim Ringelnatz

Ereignis des Tages: In Hamburg wird der Elbtunnel eröffnet (1975).

Geburtstag: Annette von Droste-Hülshoff, dt. Dichterin (1797–1848)

11. Januar

Die Theorie ist nicht die Wurzel, sondern die Blüte der Praxis.

Ernst von Feuchtersleben

Ereignis des Tages: Mit der amerikanischen »Nautilus« kommt das erste atombetriebene U-Boot zum Einsatz (1955).

Geburtstag: Christine Kaufmann, dt. Schauspielerin (1945)

12. Januar

Ohne Begeisterung, welche die Seele mit einer gesunden Wärme erfüllt, wird nie etwas Großes zustande gebracht.

Adolph Freiherr Knigge

Ereignis des Tages: Zum ersten Mal gewinnt die SPD Reichstagswahlen (1912).

Geburtstag: Per Gessle, schwed. Sänger der Gruppe »Roxette« (1959)

13. Januar

Denn das liegt jetzt in meiner Macht:
meinem Leben die Richtung auf das Gute zu geben!

Leo Tolstoi

Ereignis des Tages: Die Bundespartei »Die Grünen« wird in Karlsruhe gegründet (1980).

Geburtstag: Patrick Dempsey, amerik. Schauspieler (1966)

14. Januar

Niemand ist zufrieden mit seinem Stande,
jeder mit seinem Verstande.

Barthold Heinrich Brockes

Ereignis des Tages: Bei einem geheimen Treffen in Casablanca beschließen Churchill und Roosevelt die Landung der Alliierten auf Sizilien (1943).

Geburtstag: Desirée Nosbusch, Moderatorin und Schauspielerin (1965)

15. Januar

Wer sein Recht nicht wahret, gibt es auf.

Ernst Raupach

Ereignis des Tages: Slowenien und Kroatien werden als unabhängige Staaten anerkannt (1992).

Geburtstag: Martin Luther King, amerik. Menschenrechtler (1929–1968)

16. Januar

Weltverbesserer gibt es genug, aber einen Nagel richtig einschlagen können die wenigsten.

Henrik Ibsen

Ereignis des Tages: 1962 beginnen die Dreharbeiten für den ersten James-Bond-Kinofilm »James Bond jagt Dr. No«.

Geburtstag: Sade, amerik. Sängerin (1960)

17. Januar

Niemand weiß so viel Schlechtes von uns wie wir selbst.
Und trotzdem denkt niemand so gut von uns wie wir selbst.

Franz von Schönthan

Ereignis des Tages: Alliierte Truppen beginnen mit der Operation »Wüstensturm« zur Befreiung Kuwaits – der Beginn des Golfkriegs (1991).

Geburtstag: Paul Young, amerik. Sänger (1956)

18. Januar

Die meisten Meinungen kommen zustande,
indem man vergisst, wo man sie gehört oder gelesen hat.

Moritz Heimann

Ereignis des Tages: Der Film »J. F. K.« von Oliver Stone verursacht erneute Diskussionen um das Attentat auf den amerikanischen Präsidenten Kennedy (1992).

Geburtstag: Kevin Costner, amerik. Schauspieler (1955)

19. Januar

Ich nahm die Wahrheit mal aufs Korn/
und auch die Lügenfinten./
Die Lüge macht sich gut von vorn,/
die Wahrheit mehr von hinten!

Wilhelm Busch

Ereignis des Tages: Im Volkswagenwerk in Emden läuft der letzte Käfer vom Band (1978).

Geburtstag: Paul Cézanne, frz. Maler (1839–1906)

20. Januar

Niemand kann sein Glück genießen,
ohne daran zu denken, dass er es genießt.

Samuel Johnson

Ereignis des Tages: Franklin D. Roosevelt, der 32. US-Präsident, wird als einziger Präsident zum vierten Mal vereidigt (1945).

Geburtstag: Wigald Boning, dt. Comedian (1967)

21. Januar

Alles verstehen heißt alles verzeihen.

Germaine Madame de Staël

Ereignis des Tages: Erstmals schlägt die Radarfalle zu, die eine Messung der Geschwindigkeit von Autos mit gleichzeitigem Bildnachweis bietet (1957).

Geburtstag: Christian Dior, frz. Modeschöpfer (1905–1957)

22. Januar

Leiden sind Lehren.

Äsop

Ereignis des Tages: Luxus pur: Erstmals bricht ein Dampfer, die »Auguste Victoria« zu einer Kreuzfahrt auf (1891).

Geburtstag: Gotthold Ephraim Lessing, dt. Schriftsteller (1729–1781)

23. Januar

Die Traurigkeit ist das Los der tiefen Seelen
und der starken Intelligenzen.

Alexandre Rodolphe Vinet

Ereignis des Tages: Duke Ellington, Jazz- und Swingmusiker, führt sein Jazzwerk »Black, Brown and Beige« in New York erstmals auf (1943).

Geburtstag: Prinzessin Caroline von Monaco (1957)

24. Januar

Sei ein treuer Freund deiner Seele.

Hildegard von Bingen

Ereignis des Tages: In den USA wird das erste Bier aus der Dose produziert (1935).

Geburtstag: Nastassja Kinski, dt. Schauspielerin (1961)

25. Januar

Man kann einen Baum nicht nach der Güte seiner Blätter einschätzen, sondern nur nach der Güte seiner Früchte.

Giordano Bruno

Ereignis des Tages: Der Archäologe Howard Cater öffnet das Grab des Pharaos Tutanchamun in Ägypten (1925).

Geburtstag: Virginia Woolf, engl. Schriftstellerin (1882–1941)

26. Januar

Geh deinen Weg und lass die Leute reden!

Dante Alighieri

Ereignis des Tages: Die Oper »Der Rosenkavalier« von Richard Strauss erlebt ihre Premiere und wird zu einem großen Erfolg (1911).

Geburtstag: Paul Newman, amerik. Schauspieler (1925)

27. Januar

Wahre Freundschaft ist eine sehr langsam wachsende Pflanze.

George Washington

Ereignis des Tages: Boris Becker gewinnt die Australien Open im Tennis und belegt damit in der Weltrangliste Platz eins (1991).

Geburtstag: Mark Owen, engl. Sänger (1972)

28. Januar

Glücklich das Volk, dessen Geschichte sich langweilig liest.

Charles-Louis de Montesquieu

Ereignis des Tages: Heinz Rühmann glänzt in der Rolle des Schriftstellers Pfeiffer im Film »Feuerzangenbowle« (1944).

Geburtstag: Athina Onassis, griech. Milliardärin (1985)

29. Januar

Es ist ein gewisses Verhältnis nötig zwischen denen,
die vornehmlich zum Denken, und zwischen jenen,
die vornehmlich zur Tätigkeit geneigt sind.

Henry Thomas Buckle

Ereignis des Tages: Die Faser »Perlon« wird in Deutschland entwickelt, woraus sich sehr widerstandsfähige Kleidung herstellen lässt (1938).

Geburtstag: Tom Selleck, amerik. Schauspieler (1945)

30. Januar

Schlagfertige Menschen sind meistens oberflächlich
oder sie werden es infolge ihrer Begabung,
die ihnen den äußeren Erfolg mühelos erwirbt.

Jakob Boßhart

Ereignis des Tages: Bei dem Bau der Startbahn West, dem neuen Teil des Frankfurter Flughafens, kommt es zur Großdemonstration (1982).

Geburtstag: Gene Hackman, amerik. Schauspieler (1930)

31. Januar

Der Empfindsame ist der Waffenlose unter lauter Bewaffneten.

Berthold Auerbach

Ereignis des Tages: Der Antikriegsroman »Im Westen nichts Neues« von Erich Maria Remarque erscheint in seiner ersten Auflage (1929).

Geburtstag: Königin Beatrix von Holland (1938)

Februar

1. Februar

Die Art, wie man gibt, bedeutet mehr, als was man gibt.

Pierre Corneille

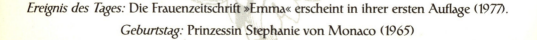

Ereignis des Tages: Die Frauenzeitschrift »Emma« erscheint in ihrer ersten Auflage (1977).
Geburtstag: Prinzessin Stephanie von Monaco (1965)

2. Februar

Alles wissenschaftliche Arbeiten ist nichts anderes,
als immer neuen Stoff in allgemeine Gesetze zu bringen.

Wilhelm von Humboldt

Ereignis des Tages: Die erste öffentliche Toilette wird in London eröffnet (1852).

Geburtstag: James Joyce, irisch. Schriftsteller (1882–1941)

3. Februar

Wer einen Beruf ergreift, ist verloren.

Henry David Thoreau

Ereignis des Tages: Jassir Arafat wird zum Führer der Palästinensischen Befreiungsorganisation (PLO) gewählt (1969).

Geburtstag: Georg Trakl, österr. Dichter (1887–1914)

4. Februar

Wenn Sie nicht über die Zukunft nachdenken,
können Sie keine haben.

John Galsworthy

Ereignis des Tages: Bert Brechts Theaterstück
»Der gute Mensch von Sezuan« feiert Premiere (1943).

Geburtstag: Ludwig Erhard, dt. Politiker (1897–1977)

5. Februar

Die Liebe besiegt alles, lasst auch uns der Liebe nachgeben!

Vergil

Ereignis des Tages: Deutschland wird Weltmeister im Handball.
Den letzten WM-Titel gewann die Mannschaft vor 30 Jahren (1978).

Geburtstag: Dietmar Bär, dt. Schauspieler (1961)

6. Februar

Einen Menschen zu lieben bedeutet, ihn so zu sehen,
wie Gott ihn gemeint hat.

Fjodor Michailowitsch Dostojewski

Ereignis des Tages: Frankreich erkennt die USA als eigenständigen Staat an und bekundet dies mit einem Handels- und Freundschaftsvertrag (1778).

Geburtstag: Francois Truffaut, frz. Schauspieler (1932–1984)

7. Februar

Lese jeden Tag etwas, was sonst niemand liest.
Denke jeden Tag etwas, was sonst niemand denkt.
Tue jeden Tag etwas, was sonst niemand albern genug wäre,
zu tun. Es ist schlecht für den Geist,
andauernd Teil der Einmütigkeit zu sein.

Gotthold Ephraim Lessing

Ereignis des Tages: Die britsche Popgruppe »The Beatles« war in England schon lange bekannt, als die Pilzköpfe den Sprung in die USA wagten. An diesem Tage wird ihre Ankunft in Amerika groß gefeiert (1964).

Geburtstag: Klaus Behrendt, dt. Schauspieler (1960)

8. Februar

Das Wiederholen ist die Mutter der Studien!

Cassiodor

Ereignis des Tages: In der DDR wird das Ministerium für Staatssicherheit (Stasi) gegründet (1950).

Geburtstag: James Dean, amerik. Schauspieler (1931–1955)

9. Februar

Leben lässt sich nur rückwärts verstehen,
muss aber vorwärts gelebt werden.

Sören Kierkegaard

Ereignis des Tages: Rembrandt beendet sein Meisterwerk »Die Nachtwache«, dessen ursprünglicher Titel lautete: »Die Schützenkompanie des Hauptmanns Frans Banning Cock und des Leutnants Willem van Ruytenburch beim Aufbruch« (1642).

Geburtstag: Mia Farrow, amerik. Schauspielerin (1945)

10. Februar

Ein großer Klassiker ist heutzutage ein Mann,
den man loben kann, ohne ihn gelesen zu haben.

Gilbert Keith Chesterton

Ereignis des Tages: Samuel Colt entwickelt den nach ihm benannten
Revolver mit Trommel (1842).

Geburtstag: Bertolt Brecht, dt. Schriftsteller (1898–1956)

11. Februar

Und so hab ich die verständ'ge Politik mir angeeignet,
mit dem Betenden zu beten, mit dem Keifenden zu keifen.

Calderon

Ereignis des Tages: Der südafrikanische Bürgerrechtler Nelson Mandela wird aus seiner 27 Jahre andauernden Haft entlassen (1990).

Geburtstag: Thomas Alva Edison, amerik. Erfinder (1847–1931)

12. Februar

Die Liebe ist langmütig, ist gütig; die Liebe neidet nicht;
die Liebe tut nicht groß, sie bläht sich nicht auf,
sie gebärdet sich nicht unanständig, sie sucht nicht das Ihrige,
sie lässt sich nicht erbittern, sie rechnet Böses nicht zu,
sie freut sich nicht über die Ungerechtigkeit,
sondern sie freut sich mit der Wahrheit, sie erträgt alles,
sie glaubt alles, sie hofft alles, sie erduldet alles.

Die Bibel

Ereignis des Tages: Schluss mit der Tintenkleckserei: Durch die Erfindung des Füllfederhalters wird das Schreiben mit Tinte vereinfacht (1884).

Geburtstag: Max Beckmann, dt. Maler (1884–1950)

13. Februar

Jeder kann wütend werden, das ist einfach.
Aber wütend auf den Richtigen zu sein, im richtigen Maß,
zur richtigen Zeit, zum richtigen Zweck
und auf die richtige Art, das ist schwer.

Aristoteles

Ereignis des Tages: Wiedereröffnung der Semperoper in Dresden, die im Zweiten Weltkrieg völlig zerstört worden war (1985).

Geburtstag: Robbie Williams, engl. Sänger (1974)

14. Februar

Es wäre dumm, sich über die Welt zu ärgern.
Sie kümmert sich nicht darum.

Marc Aurel

Ereignis des Tages: Der Rat der »fünf Weisen«, der an der Beurteilung von Wirtschaftsentwicklungen arbeitet, tritt erstmals zusammen (1964).

Geburtstag: Max Horkheimer, dt. Philosoph und Soziologe (1895–1973)

15. Februar

Haltung lässt sich leichter bewahren als wiedergewinnen.

Thomas Paine

Ereignis des Tages: Durch eine Erfindung des Physikers Karl Braun wird es möglich, Strom sichtbar zu machen. Die dazu nötige Braunsche Röhre ist der Vorläufer des Fernsehens (1897).

Geburtstag: Elke Heidenreich, dt. Moderatorin und Autorin (1943)

16. Februar

Ich glaubte es wäre ein Abenteuer,
aber in Wirklichkeit war es das Leben.

Joseph Conrad

Ereignis des Tages: »Please Please Me« ist der Titel, der der Popgruppe The Beatles zu ihrem ersten Spitzenplatz in den Charts verhilft (1963).

Geburtstag: John McEnroe, amerik. Tennisspieler (1959)

17. Februar

Lieben Sie das Ideale oder das Reale?
Man lebt und hofft.

Wilhelm Busch

Ereignis des Tages: Ein Norweger betritt als erster Mensch den Kontinent Antarktis (1895).

Geburtstag: Rita Süssmuth, dt. Politikerin (1937)

18. Februar

Leben ist die Kunst, aus falschen Voraussetzungen die richtigen Schlüsse zu ziehen.

Samuel Butler

Ereignis des Tages: In Weimar werden von der deutschen Nationalversammlung Schwarz-Rot-Gold zu den Farben der Nationalflagge bestimmt (1919).

Geburtstag: Toni Morrison, amerik. Schriftstellerin (1931)

19. Februar

Abwechslung ist süßer als alles.

Euripides

Ereignis des Tages: Die russische Raumstation »Mir« wird auf ihre Umlaufbahn um die Erde gebracht (1986).

Geburtstag: André Breton, frz. Schriftsteller (1896–1966)

20. Februar

Man erlebt nicht das, was man erlebt,
sondern wie man es erlebt.

Wilhelm Raabe

Ereignis des Tages: Für seine Darbietung im Kinofilm »African Queen« erhält der amerikanische Schauspieler Humphrey Bogart seinen einzigen Oscar (1952).

Geburtstag: Cindy Crawford, amerik. Model (1966)

21. Februar

Es ist sehr schade, dass die Kräfte in dem Alter abnehmen,
in dem der Geschmack sich vervollkommnet.

Voltaire

Ereignis des Tages: Die erste Ausgabe der »Zeit« erscheint mit einer Auflage von 25 000 Stück (1946).

Geburtstag: William Baldwin, amerik. Schauspieler (1963)

22. Februar

Glücklich, wer, was er liebt, tapfer zu verteidigen wagt.

Ovid

Ereignis des Tages: Die USA erhalten von Spanien Florida (1819).
Geburtstag: Niki Lauda, österr. Autorennfahrer (1949)

23. Februar

Manche Menschen sehen die Dinge, wie sie sind,
und Fragen: »Warum?«
Ich wage, von Dingen zu träumen, die es niemals gab,
und frage: »Warum nicht?«

Robert Browning

Ereignis des Tages: Der Film »Quo Vadis« mit Peter Ustinov wird in den USA uraufgeführt (1972).

Geburtstag: Erich Kästner, dt. Schriftsteller (1899–1974)

24. Februar

Ideale sind unsere besseren Ichs.

Amos Bronson Alcott

Ereignis des Tages: Erstausstrahlung des Films »Das Boot« im Fernsehen (1985).
Geburtstag: Alain Prost, frz. Autorennfahrer (1955)

25. Februar

Wenn du einen verhungernden Hund aufliest
und machst ihn satt, dann wird er dich nicht beißen.
Das ist der Grundunterschied zwischen Hund und Mensch.

Mark Twain

Ereignis des Tages: Als zweiter Film nach »Titanic« überschreitet das Fantasy-Epos »Herr der Ringe – Die Rückkehr des Königs« die Marke von einer Milliarde US-Dollar an weltweiten Kinoeinnahmen (2004).

Geburtstag: Franz Xaver Kroetz, dt. Dramatiker (1946)

26. Februar

Im Herzen eines Menschen ruht der Anfang
und das Ende aller Dinge.

Leo Tolstoi

Ereignis des Tages: Der Regisseur Ang Lee wird für den Film »Sinn und Sinnlichkeit« bei der Berlinale mit dem Goldenen Bären ausgezeichnet (1996).

Geburtstag: Johnny Cash, amerik. Sänger (1932–2003)

27. Februar

Geschmack ist das Taktgefühl des Geistes.

Stanislas Jean de Boufflers

Ereignis des Tages: Um auf ihre Rechte aufmerksam zu machen, besetzen 200 Indianer Wounded Knee in South Dakota (1973).

Geburtstag: Elizabeth Taylor, engl.-amerik. Filmschauspielerin (1932)

28. Februar

Beweisen zu wollen, dass ich recht habe,
hieße zugeben, dass ich unrecht haben kann.

Pierre Augustin de Beaumarchais

Ereignis des Tages: In Deutschland werden Frauen erstmals zum Hochschulstudium zugelassen (1900).

Geburtstag: Joseph »Sepp« Maier, dt. Fußballnationalspieler (1944)

29. Februar

Auch der Zufall ist nicht unergründlich.
Er hat seine Regelmäßigkeit.

Novalis

Ereignis des Tages: Tod des früheren Königs von Bayern, Ludwig I. (1868).
Geburtstag: Michele Morgan, frz. Schauspielerin (1920)

März

1. März

Meine Kunst lasse ich nicht liegen,
ich müsste mir ewige Vorwürfe machen!

Clara Schumann

Ereignis des Tages: Mit der Untersuchung von Fingerabdrücken steht der Polizei eine neue Ermittlungsmöglichkeit zur Verfügung (1903).

Geburtstag: Harry Belafonte, amerik. Sänger (1927)

2. März

Es gibt nur sittliche Unterschiede unter den Menschen,
und jemand, der Höheres fühlt, muss Höheres leisten.

Paul Ernst

Ereignis des Tages: Der österreichische Autor Felix Salter erschafft das Rehkitz »Bambi« (1923).

Geburtstag: John Irving, amerik. Schriftsteller (1942)

3. März

Das Alter zieht noch mehr Runzeln in unseren Verstand
als in unser Antlitz.

Michel de Montaigne

Ereignis des Tages: Der von Papst Johannes XIII. berufene Bischof Laurean Rugambwa wird der erste farbige Kardinal (1960).

Geburtstag: Heiner Geißler, dt. Politiker (1930)

4. März

Man bedarf oft das Unnötigste am meisten.

Berthold Auerbach

Ereignis des Tages: Thomas Jefferson wird in Washington dritter Präsident der USA (1801).

Geburtstag: Chris Rea, brit. Sänger (1951)

5. März

Keine Schuld ist dringender, als die, Dank zu sagen.

Cicero

Ereignis des Tages: Nach der Vorlage von Bram Stoker kommt »Nosferatu – eine Symphonie des Grauens« ins Kino (1922).

Geburtstag: Rosa Luxemburg, dt. Politikerin (1870–1919)

6. März

Aller Tod in der Natur ist Geburt, und gerade im Sterben erscheint sichtbar die Erhöhung des Lebens.

Johann Gottlieb Fichte

Ereignis des Tages: Erstmals ziehen die Grünen in den deutschen Bundestag ein (1983).

Geburtstag: Harald Schumacher, dt. Fußballnationaltorwart (1954)

7. März

So wollen wir in guten Tagen nicht übermütig werden
und im Unglück nicht verzagen und zusammenbrechen.

Gregor von Nazianz

Ereignis des Tages: Syrische Freiheitskämpfer rufen die Unabhängigkeit ihres Landes aus, das jedoch ein Jahr später von Frankreich besetzt wird (1920).

Geburtstag: Heinz Rühmann, dt. Schauspieler (1902–1994)

8. März

Anfangen im Kleinen,
Ausharren in Schwierigkeiten,
Streben zum Großen.

Friedrich Alfred Krupp

Ereignis des Tages: Joe Frazier besiegt Muhammad Ali (1971).
Geburtstag: Otto Hahn, dt. Chemiker (1879–1968)

9. März

Reisen sind das beste Mittel zur Selbstbildung.

Karl Julius Weber

Ereignis des Tages: Der Film »Ödipussi« von Loriot gelangt in die deutschen Kinos (1988).

Geburtstag: Ornella Muti, ital. Schauspielerin (1956)

10. März

Tatsachen sind die wilden Bestien im intellektuellen Gelände.

Oliver Wendell Holmes

Ereignis des Tages: Der Mörder des amerikanischen Bürgerrechtlers Martin Luther King wird zu 99 Jahren Haft verurteilt (1969).

Geburtstag: Sharon Stone, amerik. Schauspielerin (1958)

11. März

Jeder muss sich ein Ziel setzen, das er nicht erreichen kann,
damit er stets zu ringen und zu streben habe.

Johann Heinrich Pestalozzi

Ereignis des Tages: Uraufführung des Kinofilms »Der Pate«
von Francis Ford Coppola (1972).

Geburtstag: Janosch, dt. Illustrator und Erzähler (1931)

12. März

Ein wesentlicher Mensch ist wie die Seligkeit,
die unverändert bleibt von aller Außerheit.

Angelus Silesius

Ereignis des Tages: Nach dem Urteil des Europäischen Gerichtshofs wird das deutsche Reinheitsgebot für ausländische Biere aufgehoben (1987).

Geburtstag: Liza Minelli, amerik. Schauspielerin und Sängerin (1946)

13. März

Aber mit wem soll ich reden? Mit Freunden?
Mit diesen redte ich freilich am liebsten.
Ich dürfte ihnen nur ein halbes Wort sagen,
so verstünden sie mich.

Friedrich Gottlieb Klopstock

Ereignis des Tages: Der ehemalige DDR Staats- und Parteichef Erich Honecker flieht nach Moskau (1991).

Geburtstag: Karl Friedrich Schinkel, dt. Baumeister (1781–1841)

14. März

Es ist aber Naturgesetz, dass das Herz nicht ruht,
bis es ans Ziel seiner Wünsche gelangt ist.

Francesco Petrarca

Ereignis des Tages: In Halberstadt beginnt der erste
deutsche Gewerkschaftskongress (1892).

Geburtstag: Quincy Jones, amerik. Komponist und Sänger (1933)

15. März

Der Kaufmann hat in der ganzen Welt dieselbe Religion.

Heinrich Heine

Ereignis des Tages: In Paris werden Bilder von Vincent van Gogh ausgestellt (1901).

Geburtstag: Zarah Leander, schwed. Schauspielerin (1907–1981)

16. März

Göttliche Liebe: es ist dies jene Liebe,
die alles gibt und nichts begehrt.

Annie Besant

Ereignis des Tages: Alfred Hitchcocks Meisterwerk »Psycho« wird in den Kinos gezeigt (1960).

Geburtstag: Jerry Lewis, amerik. Filmkomiker (1926)

17. März

Talent bedeutet Energie und Ausdauer.
Weiter nichts.

Heinrich Schliemann

Ereignis des Tages: Bei einer Volksbefragung unter der weißen Bevölkerung Südafrikas stimmen 68,7 % der Menschen für die Abschaffung der Apartheid (1992).

Geburtstag: Kurt Russell, amerik. Schauspieler (1951)

18. März

Salz ist unter allen Edelsteinen, die uns die Erde schenkt, der Kostbarste.

Justus von Liebig

Ereignis des Tages: Der deutsche Kaiser Friedrich II. krönt sich selbst zum König von Jerusalem und unterstreicht damit seine Unabhängigkeit vom Papst (1229).

Geburtstag: Christa Wolf, dt. Schriftstellerin (1928)

19. März

Verachtung des Lebens ist leicht in harter Bedrängnis.
Tapfer allein ist der Mann, welcher das Unglück erträgt.

Martial

Ereignis des Tages: Kurdische Protestler blockieren die Autobahn München–Stuttgart, um gegen die Unterdrückung der kurdischen PKK zu demonstrieren (1994).

Geburtstag: Bruce Willis, amerik. Schauspieler (1955)

20. März

Die Freundschaft ist ein Schiff, groß genug, um bei gutem Wetter zwei zu tragen, aber nur einen bei schlechtem Wetter.

Ambrose Bierce

Ereignis des Tages: Durch einen Sieg nach Punkten gegen den Amerikaner Charles Williams übernimmt der Deutsche Henry Maske den Weltmeistertitel im Halbschwergewicht (1993).

Geburtstag: Holly Hunter, amerik. Schauspielerin (1958)

21. März

Lass einen Freund in Schwierigkeiten nicht im Stich!

Menander

Ereignis des Tages: Das 3-D-Filmverfahren wird als neue Revolution in der Kinowelt angekündigt. 3-D-Brillen ermöglichen dabei den Zuschauern ein neues Filmerlebnis (1953).

Geburtstag: Hans-Dietrich Genscher, dt. Politiker (1927)

22. März

Ich kann die Bewegung der Himmelskörper berechnen,
aber nicht das Verhalten der Menschen.

Isaac Newton

Ereignis des Tages: Bundestagsbeschluss: Die Volljährigkeit beginnt mit 18 Jahren (1974).

Geburtstag: André Heller, österr. Künstler (1947)

23. März

Das Notwendigste, das härteste und die Hauptsache
in der Musik ist das Tempo.

Wolfgang Amadeus Mozart

Ereignis des Tages: Ludwig Erhard löst Konrad Adenauer als Bundeskanzler ab (1966).

Geburtstag: Joan Crawford, amerik. Schauspielerin (1908–1977)

24. März

Die besten Dinge verdanken wir dem Zufall.

Giacomo Girolamo Casanova

Ereignis des Tages: In England wird eine Hochdruckdampfmaschine patentiert. In eine Kutsche eingebaut, kann diese erstmalig Pferde ersetzen (1802).

Geburtstag: Nena, dt. Sängerin (1960)

25. März

Der Staat – das ist die große Fiktion, dass jedermann
auf Kosten von jedermann leben kann.

Frédéric Bastiat

Ereignis des Tages: Aus der Sowjetisch Besetzten Zone entsteht die DDR (1954).
Geburtstag: Aretha Franklin, amerik. Sängerin (1942)

26. März

Idealist sein heißt: Kraft haben für andere.

Novalis

Ereignis des Tages: Der Jugendstil erhält durch eine Ausstellung Einzug in Wien: Er gewinnt seine Formen aus der Materialstruktur und Funktionalität (1898).

Geburtstag: Patrick Süskind, dt. Schriftsteller (1949)

27. März

Der höchste Lohn für unsere Bemühungen ist nicht das, was wir dafür bekommen, sondern das, was wir dadurch werden.

John Ruskin

Ereignis des Tages: Uraufführung des ersten Hitchcock-Thrillers »Rebecca«, der nach einer Romanvorlage von Daphne du Maurier gedreht wurde (1940).

Geburtstag: Heinrich Mann, dt. Schriftsteller (1871–1950)

28. März

> Verschwendete Zeit ist Dasein.
> Gebrauchte Zeit ist Leben.
>
> *Edward Young*

Ereignis des Tages: Die deutsche Nationalversammlung beschließt die erste Verfassung (1849).

Geburtstag: Werner Bahlsen, dt. Keksfabrikant (1904–1985)

29. März

Jede Generation lacht über Moden, aber folgt den neuen treu.

Henry David Thoreau

Ereignis des Tages: Einweihung der neuen Glaspyramide vor dem Museum Louvre in Paris (1989).

Geburtstag: Wilhelm Liebknecht, dt. Politiker und Journalist (1826–1900)

30. März

Der Idealismus wächst mit der Entfernung vom Problem.

John Galsworthy

Ereignis des Tages: Das Werk »Sonnenblumen« von Vincent van Gogh wird für den Spitzenpreis von 72,5 Mio. DM verkauft (1987).

Geburtstag: Vincent van Gogh, niederl. Maler (1853–1890)

31. März

Glück ist ein Parfüm, das du nicht auf andere sprühen kannst,
ohne selbst ein paar Tropfen abzubekommen.

Ralph Waldo Emerson

Ereignis des Tages: In Paris wird der nach dem Erbauer Alexandre Gustav Eiffel benannte Eiffelturm vollendet (1889).

Geburtstag: René Descartes, frz. Philosoph und Mathematiker (1596–1650)

April

1. April

Unser Leben ist ein Garten,
in dem unsere Gedanken die Blumen sind.

Indianische Weisheit

Ereignis des Tages: Das erste Telefonnetz Deutschlands wird in Berlin mit 48 Teilnehmern in Betrieb genommen (1881).

Geburtstag: Milan Kundera, tschech. Schrifsteller (1929)

2. April

Unsere größte Schwäche liegt im Aufgeben.
Der sicherste Weg zum Erfolg ist immer,
es doch noch einmal zu versuchen.

Thomas Edison

Ereignis des Tages: In England wird der erste Busdienst eingesetzt. Mit Dampf betrieben, ähnelt das Gefährt einer Lokomotive und kann bis zu 20 Personen befördern (1831).

Geburtstag: Marvin Gaye, amerik. Sänger (1939)

3. April

Es gibt kein schöneres Spiel als das Augenspiel.

Russisches Sprichwort

Ereignis des Tages: Mit der Unterzeichnung des Marshallplanes durch den Präsidenten der USA, Harry S. Truman, wird der Wiederaufbau Europas in Angriff genommen (1948).

Geburtstag: Marlon Brando, amerik. Schauspieler (1924)

4. April

Da, wo der Wille groß ist,
können die Schwierigkeiten nicht groß sein.

Niccolò Machiavelli

Ereignis des Tages: Wilhelm Buschs satirische Geschichte
»Max und Moritz« erscheint (1865).

Geburtstag: Anthony Perkins, amerik. Schauspieler (1932–1992)

5. April

Wer will, dass sein Sohn Respekt vor ihm und seinen
Anweisungen hat, muss selbst große Achtung
vor seinem Sohn haben.

John Locke

Ereignis des Tages: Erstmals wird die Herzfunktion bei einer Operation von einer Herz-Lungen-Maschine übernommen (1951).

Geburtstag: Bette Davis, amerik. Schauspielerin (1908–1989)

6. April

Liebe deine Feinde; denn sie sagen dir deine Fehler.

Benjamin Franklin

Ereignis des Tages: Stanley Kubricks »2001 – Odyssee im Weltraum« wird uraufgeführt und verhilft dem Science-Fiction-Genre zu einem enormen Aufschwung (1968).

Geburtstag: Hans W. Geißendörfer, dt. Regisseur, Autor und Produzent (1941)

7. April

Was mit Gewalt gewonnen wird, hat keine Dauer.

Oliver Cromwell

Ereignis des Tages: Prag erlebt die erste Universitätsgründung in Mitteleuropa (1348).

Geburtstag: Francis Ford Coppola, amerik. Filmregisseur (1939)

8. April

Die Erfindung des Problems ist wichtiger als die Erfindung der Lösung; in der Frage liegt mehr als in der Antwort.

Walther Rathenau

Ereignis des Tages: Die Restaurierung des Wandgemäldes »Das Jüngste Gericht« von Michelangelo in der Sixtinischen Kapelle im Vatikan ist abgeschlossen (1994).

Geburtstag: Julian Lennon, amerik. Sänger (1963)

9. April

Das große Ziel des Lebens ist nicht Wissen, sondern Handeln.

Thomas Huxley

Ereignis des Tages: Der Kinoerfolg »Jenseits von Eden« wird uraufgeführt und macht den Schauspieler James Dean zur Legende (1955).

Geburtstag: Charles Baudelaire, frz. Schriftsteller (1821–1867)

10. April

Wem Zeit wie Ewigkeit und Ewigkeit wie Zeit,
der ist befreit von allem Leid.

Jacob Böhme

Ereignis des Tages: Trennung Paul McCartneys von den Beatles (1970).
Geburtstag: Heiner Lauterbach, dt. Schauspieler (1953)

11. April

Alle Kraft der Menschen wird erworben durch Kampf
mit sich selbst und Überwindung seiner selbst.

Johann Gottlieb Fichte

Ereignis des Tages: Erste Projektoren zur Filmvorführung patentiert.
Das Kino-Zeitalter wird eingeläutet (1895).

Geburtstag: Bernd Eichinger, dt. Filmproduzent (1949)

12. April

Die Aufmerksamkeit ist der Meißel des Gedächtnisses.

François-Gaston Duc de Lévis

Ereignis des Tages: »Wostok 1« heißt das Raumschiff, in dem sich der Russe Juri Gagarin als erster Mensch in den Weltraum begibt (1961).

Geburtstag: Herbert Grönemeyer, dt. Sänger und Schauspieler (1956)

13. April

Die Leute, die nie lachen, sind keine ernsthaften Leute.

Alphonse Allais

Ereignis des Tages: Der Impfstoff gegen Kinderlähmung wird freigegeben (1955).
Geburtstag: Rudi Völler, dt. Fußballer und Trainer (1960)

14. April

Gebildet ist, wer weiß, wo er findet, was er nicht weiß.

Georg Simmel

Ereignis des Tages: Das Theaterstück »Nathan der Weise« von Gotthold Ephraim Lessing wird uraufgeführt (1783).

Geburtstag: Montserrat Caballé, span. Sängerin (1933)

15. April

Jeder schließt von sich auf andere und vergisst,
dass es auch anständige Menschen gibt.

Heinrich Zille

Ereignis des Tages: Das als unsinkbar geltende Passagierschiff »Titanic« geht unter (1912).

Geburtstag: Richard von Weizsäcker, dt. Politiker (1920)

16. April

Jede Zeit ist umso kürzer, je glücklicher man ist.

Plinius

Ereignis des Tages: Das erfolgreiche Musical »A Chorus Line« von Marvin Hamlisch wird erstmals aufgeführt (1975).

Geburtstag: Charles »Charlie« Chaplin, brit. Schauspieler (1889–1977)

17. April

Nicht der Mensch hat am meisten gelebt,
welcher die höchsten Jahre zählt, sondern derjenige,
welcher sein Leben am meisten empfunden hat.

Friedrich Rückert

Ereignis des Tages: Nur knapp steuert Apollo 13, die US-amerikanische Raumfähre, an einer Katastrophe vorbei (1970).

Geburtstag: Nikita Chruschtschow, sowjet. Politiker (1894–1971)

18. April

Bei gleicher Umgebung lebt doch jeder in einer anderen Welt.

Arthur Schopenhauer

Ereignis des Tages: Irland scheidet aus dem britischen Commonwealth aus und wird eigenständige Republik (1949).

Geburtstag: Esther Schweins, dt. Schauspielerin (1970)

19. April

**Es gibt schweigsame Menschen,
die interessanter sind als die besten Redner.**

Benjamin Disraeli

Ereignis des Tages: Kardinal Josef Ratzinger wird Papst Benedikt XVI. (2005).
Geburtstag: Jayne Mansfield, amerik. Schauspielerin (1932–1967)

20. April

Kolumbus musste von Indien träumen,
um Amerika zu finden.

Emil Gött

Ereignis des Tages: Die Apollo 16 ist die fünfte bemannte Landung auf dem Mond (1972).

Geburtstag: Joan Miró, span. Maler und Bildhauer (1893–1983)

21. April

Viele sind hartnäckig in Bezug
auf den einmal eingeschlagenen Weg,
wenige in Bezug auf das Ziel.

Friedrich Nietzsche

Ereignis des Tages: Der weltgrößte Schaufelradbagger nimmt im Tagebau in Bergheim seinen Dienst auf (1976).

Geburtstag: Andie MacDowell, amerik. Schauspielerin (1958)

22. April

Kein besseres Heilmittel gibt es im Leid
als eines edlen Freundes Zuspruch.

Euripides

Ereignis des Tages: Auf Drängen der Sowjetunion bildet sich aus der Kommunistischen und Sozialistischen Partei (KPD/SPD) die SED, die Sozialistische Einheitspartei Deutschlands (1946).

Geburtstag: Jack Nicholson, amerik. Schauspieler (1937)

23. April

Worte, die von Herzen kommen, gehen zu Herzen.

Hebräisches Sprichwort

Ereignis des Tages: Buster Keaton, Komiker aus den USA, schafft mit seinem ersten Film den Sprung in die Berühmtheit (1917).

Geburtstag: Max Planck, dt. Physiker (1858–1947)

24. April

Humor ist der Schwimmgürtel auf dem Strom des Lebens.

Wilhelm Raabe

Ereignis des Tages: Joseph Haydns Werk »Die Jahreszeiten« feiert eine rauschende Premiere (1801).

Geburtstag: Shirley MacLaine, amerik. Schauspielerin (1934)

25. April

Der eine wartet, dass die Zeit sich wandelt,
der andere packt sie an und handelt.

Dante Alighieri

Ereignis des Tages: Angebliche Hitler-Tagebücher werden auf einer Pressekonferenz präsentiert. Sie stellen sich später als Fälschung heraus (1983).

Geburtstag: Katja Riemann, dt. Schauspielerin (1963)

26. April

Ein Affe ist ein Tier, das auf Bäumen lebt,
besonders gern auf Stammbäumen.

Ambrose Bierce

Ereignis des Tages: Veröffentlichung des Buches »Der Prozess« von Franz Kafka durch seinen Verleger Max Brod (1925).

Geburtstag: Alfred Krupp, dt. Industrieeller (1812–1887)

27. April

Das Weltall ist ein Kreis, dessen Mittelpunkt überall,
dessen Umfang nirgends ist.

Blaise Pascal

Ereignis des Tages: Die ersten chemischen Farbprodukte werden industriell von der BASF hergestellt (1865).

Geburtstag: Sheena Easton, brit. Sängerin (1959)

28. April

Der beste Weg, einen Freund zu haben,
ist der, selbst einer zu sein.

Ralph Waldo Emerson

Ereignis des Tages: Unzufriedene Besatzungsmitglieder setzen den britischen Kapitän William Bligh aus: Die Meuterei auf dem Segelschiff »Bounty« nimmt ihren Lauf (1789).

Geburtstag: Yves Klein, frz. Künstler (1928–1962)

29. April

Wer sich über Kritik ärgert, gibt zu, dass sie verdient war.

Publius Cornelius Tacitus

Ereignis des Tages: Erstmals fährt ein Auto schneller als 100 km/h (1899).
Geburtstag: Jürgen Vogel, dt. Schauspieler (1968)

30. April

Nichts schafft, wer zu viel denkt.

Torquato Tasso

Ereignis des Tages: Das Vorgängermodell des modernen Radargerätes wird in Deutschland patentiert (1904).

Geburtstag: Carl XVI. Gustav, schwed. König (1946)

Mai

1. Mai

Das Gehirn ist nicht nur ein Gefäß, das gefüllt werden muss, sondern ein Feuer, das gezündet werden will.

Plutarch

Ereignis des Tages: Das größte Gebäude der Welt, das Empire State Building in New York, wird eröffnet (1931).

Geburtstag: Ralf Dahrendorf, dt. Politiker und Soziologe (1929)

2. Mai

Nicht durch Zorn, sondern durch Lachen tötet man.

Friedrich Nietzsche

Ereignis des Tages: Deutschland wird mitwirkende Kraft im Europarat und kann sich nun aktiv am Wirtschaftsleben Europas beteiligen (1951).

Geburtstag: Axel Caesar Springer, dt. Verleger (1912–1985)

3. Mai

Der Verstand wird durch Wahrheit erleuchtet,
das Herz wird durch Liebe erwärmt.

Russisches Sprichwort

Ereignis des Tages: Das Gleichstellungsgesetz von Mann und Frau wird im deutschen Bundestag verabschiedet (1957).

Geburtstag: Andrea Spatzek, österr. Schauspielerin (1959)

4. Mai

Blumen sind die Liebesgedanken der Natur.

Bettina von Arnim

Ereignis des Tages: Die Insel Manhattan wird den Indianern abgekauft und erhält den Namen Neu-Amsterdam, das spätere New York (1626).

Geburtstag: Audrey Hepburn, amerik. Schauspielerin (1929–1993)

5. Mai

Ich habe schreckliche Dinge in meinem Leben mitgemacht, von denen ein paar tatsächlich geschahen.

Mark Twain

Ereignis des Tages: Pablo Picassos Gemälde »Junge mit Pfeife« ist das teuerste Bild der Welt. Es wird in New York für umgerechnet 85,7 Millionen Euro versteigert (2004).

Geburtstag: Gregory Peck, amerik. Schauspieler (1916–2003)

6. Mai

Ein Schauspiel, das einen in niedergeschlagener Stimmung nach Hause gehen lässt, gehört nicht der höchsten Gattung an.

Jakob Boßhart

Ereignis des Tages: Der Tunnel zwischen Calais und Dover, der Frankreich und England miteinander verbindet, wird eröffnet (1994).

Geburtstag: Sigmund Freud, österr. Psychoanalytiker (1856–1939)

7. Mai

Um im Leben glücklich zu sein, brauchen wir etwas zu arbeiten, etwas zu lieben und etwas, auf das wir hoffen können.

Joseph Addison

Ereignis des Tages: Die erste elektrisch funktionierende Schreibmaschine kommt auf den Markt (1957).

Geburtstag: Marie Bäumer, dt. Schauspielerin (1969)

8. Mai

Das deutlichste Anzeichen der Weisheit
ist immer gleich bleibende Heiterkeit.

Michel de Montaigne

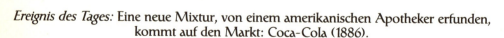

Ereignis des Tages: Eine neue Mixtur, von einem amerikanischen Apotheker erfunden, kommt auf den Markt: Coca-Cola (1886).

Geburtstag: Roberto Rossellini, ital. Filmregisseur (1906–1977)

9. Mai

Das Leben ist nie etwas, es ist die Gelegenheit zu etwas.

Friedrich Hebbel

Ereignis des Tages: Der Viertaktmotor von Nikolaus Otto wird erprobt und ist funktionstüchtig (1876).

Geburtstag: Billy Joel, amerik. Sänger (1949)

10. Mai

Eine Freude vertreibt hundert Sorgen.

Japanisches Sprichwort

Ereignis des Tages: In den USA wird die Eisenbahnlinie, die den Pazifik mit dem Atlantik verbindet, fertiggestellt (1869).

Geburtstag: Chuck Norris, amerik. Schauspieler (1940)

11. Mai

Jungen Leuten ist Freude und Ergötzen so vonnöten
wie Essen und Trinken.

Martin Luther

Ereignis des Tages: Der Zusammenbruch der Credit-Anstalt
in Österreich führt zu einer weltweiten Finanzkrise (1931).

Geburtstag: Salvador Dalí, span. Maler (1904–1989)

12. Mai

Jeder geliebte Gegenstand ist Mittelpunkt des Paradieses.

Novalis

Ereignis des Tages: Der erste digitale Rechner in Deutschland wird in Betrieb genommen (1941).

Geburtstag: Joseph Beuys, dt. Künstler (1921–1986)

13. Mai

Wenn du den Wert des Geldes kennenlernen willst,
versuche, dir welches zu leihen.

Benjamin Franklin

Ereignis des Tages: Zum ersten Mal wird der Muttertag gefeiert (1923).
Geburtstag: Stevie Wonder, amerik. Sänger (1950)

14. Mai

Das, was den großen Künstler ausmacht, ist ein großer Wille,
aber ein Wille, der gewollt wird, nicht der will.

Hugo von Hofmannsthal

Ereignis des Tages: Der Staat Israel wird ausgerufen, nachdem England
sich aus dem Gebiet zurückgezogen hatte (1948).

Geburtstag: Ulrike Folkerts, dt. Schauspielerin (1961)

15. Mai

Wer die Gesellschaft nicht entbehren kann, soll sich ihren
Gebräuchen unterwerfen, weil sie mächtiger sind als er.

Adolph Freiherr Knigge

Ereignis des Tages: Das Ballett »Pulcinella« von Strawinsky wird uraufgeführt (1920).

Geburtstag: Max Frisch, schweiz. Schriftsteller (1911–1991)

16. Mai

Jedes Naturgesetz, das sich dem Beobachter offenbart,
lässt auf ein höheres, noch unerkanntes schließen.

Alexander von Humboldt

Ereignis des Tages: Nach einem Giftgasanschlag in Japan wird der Führer der dafür verantwortlichen Aum-Sekte verhaftet (1995).

Geburtstag: Janet Jackson, amerik. Sängerin (1966)

17. Mai

Es ist sicher eine schöne Sache, aus gutem Haus zu sein.
Aber das Verdienst gebührt den Vorfahren.

Plutarch

Ereignis des Tages: In den USA wird die Rassentrennung vom obersten Gericht als verfassungsfeindlich eingestuft (1954).

Geburtstag: Sebastian Kneipp, dt. Naturheilkundler (1821–1897)

18. Mai

Für eine gelungene Rede
gebrauche gewöhnliche Worte
und sage ungewöhnliche Dinge.

Arthur Schopenhauer

Ereignis des Tages: In Deutschland erfolgt ein wichtiger Schritt in Richtung Wiedervereinigung: Unterzeichnung des deutsch-deutschen Staatsvertrags (1990).

Geburtstag: Thomas Gottschalk, dt. Showmaster (1950)

19. Mai

Es gibt keinen Menschen, der nicht die Freiheit liebte;
aber der Gerechte fordert sie für alle,
der Ungerechte nur für sich allein.

Ludwig Börne

Ereignis des Tages: Zum ersten Mal besteigt eine Frau den Mount Everest (1975).

Geburtstag: Grace Jones, amerik. Sängerin (1952)

20. Mai

Man vergisst vielleicht, wo man die Friedenspfeife vergraben hat.
Aber man vergisst niemals, wo das Beil liegt.

Mark Twain

Ereignis des Tages: »La dolce vita«, Kultfilm des Regisseurs Federico Fellini, wird mit der Goldenen Palme ausgezeichnet (1960).

Geburtstag: Sky du Mont, dt. Schauspieler (1947)

21. Mai

Ein Irrtum ist umso gefährlicher,
je mehr Wahrheit er enthält.

Henri-Frédéric Amiel

Ereignis des Tages: Der Pilot Charles Lindbergh überwindet mit seiner Maschine »Spirit of St. Louis« erstmalig den Atlantik im Alleinflug (1927).

Geburtstag: Albrecht Dürer, dt. Maler (1471–1528)

22. Mai

Der Mensch hat dreierlei Wege, klug zu handeln:
erstens durch Nachdenken, das ist der edelste,
zweitens durch Nachahmen, das ist der leichteste,
und drittens durch Erfahrung, das ist der bitterste.

Konfuzius

Ereignis des Tages: 27 Jahre nach dem Ende der Beatles ist in Großbritannien eine Musikaufnahme von Paul McCartney und John Lennon aufgetaucht, die sie nach Auseinanderbrechen der Gruppe aufgenommen haben (1997).

Geburtstag: Richard Wagner, dt. Komponist (1813–1883)

23. Mai

Ein Freund ist ein Mensch, vor dem man laut denken kann.

Ralph Waldo Emerson

Ereignis des Tages: Das Grundgesetz für die Bundesrepublik Deutschland wird verabschiedet (1949).

Geburtstag: Dieter Hildebrandt, dt. Kabarettist (1927)

24. Mai

Der Umstand, dass wir Feinde haben,
beweist klar genug, dass wir Verdienste besitzen.

Ludwig Börne

Ereignis des Tages: Samuel Morse übermittelt auf einer Versuchsleitung das erste Telegramm. Dazu benutzt er eine Codierung, aus der später das Morsealphabet wird (1844).

Geburtstag: Bob Dylan, amerik. Protestsänger (1941)

25. Mai

Ein Mann, der mit einer einfachen Illusion glücklich
zu werden weiß, ist unendlich schlauer als einer,
der an der Wirklichkeit verzweifelt.

Alphonse Allais

Ereignis des Tages: Francis Ford Coppolas Antikriegsfilm »Apocalypse Now«
mit Marlon Brando erhält in Cannes die Goldene Palme (1979).

Geburtstag: Miles Davis, amerik. Jazzmusiker (1926–1991)

26. Mai

Gib jedem Tag die Chance,
der schönste deines Lebens zu werden.

Mark Twain

Ereignis des Tages: Die Bundesrepublik Deutschland wird von den Alliierten als teilsouveräner Staat anerkannt (1952).

Geburtstag: Isadora Duncan, amerik. Tänzerin (1877–1927)

27. Mai

Der Klügere gibt nach! Eine traurige Wahrheit,
sie begründet die Weltherrschaft der Dummheit.

Marie von Ebner-Eschenbach

Ereignis des Tages: Die Golden-Gate-Brücke in San Francisco wird eröffnet (1937).

Geburtstag: Henry Kissinger, amerik. Politiker (1923)

28. Mai

Nicht weil es schwer ist, wagen wir es nicht,
sondern weil wir es nicht wagen, ist es schwer.

Seneca

Ereignis des Tages: Gründung der Organisation Amnesty International, die sich für die internationale Einhaltung von Menschenrechten einsetzt (1961).

Geburtstag: Kylie Minogue, austr. Sängerin (1968)

29. Mai

Erholung ist die Würze der Arbeit.

Plutarch

Ereignis des Tages: Die ersten Menschen besteigen den 8872 Meter hohen Berg Mount Everest (1953).

Geburtstag: John F. Kennedy, amerik. Präsident (1917–1963)

30. Mai

Durch Alkohol bringt man sich auf Stufen der Kultur zurück,
die man überwunden hat.

Friedrich Nietzsche

Ereignis des Tages: Der Deutsche Bundestag beschließt die umstrittenen Notstandsgesetze, die zeitweise Teile des Grundgesetzes aufheben können (1968).

Geburtstag: Inge Meysel, dt. Schauspielerin (1910–2004)

31. Mai

Natürlicher Verstand kann fast jeden Grad von Bildung ersetzen,
aber keine Bildung den natürlichen Verstand.

Arthur Schopenhauer

Ereignis des Tages: Die erste Elektrolok wird vorgestellt.
Der Konstrukteur ist Werner von Siemens (1879).

Geburtstag: Fürst Rainier von Monaco (1923–2005)

Juni

1. Juni

Ein Optimist ist ein Mensch, der ein Dutzend Austern bestellt, in der Hoffnung, sie mit der Perle, die er darin findet, bezahlen zu können.

Theodor Fontane

Ereignis des Tages: Ein über 5 Meter langer Beluga-Wal verirrt sich in den Niederrhein (1966).

Geburtstag: Heidi Klum, dt. Model (1973)

2. Juni

Die Liebe ist kein Schadenfeuer; aber ist sie entbrannt,
kann man sie nicht mehr löschen.

Russisches Sprichwort

Ereignis des Tages: Der »Mars-Express«, die erste europäische Raumfähre, ist gestartet (2003).

Geburtstag: Marcel Reich-Ranicki, dt. Literaturkritiker (1920)

3. Juni

Die Anzahl unserer Neider bestätigen unsere Fähigkeiten.

Oscar Wilde

Ereignis des Tages: Das erste Spiegelteleskop wird in San Diego/USA in Betrieb genommen – die Entdeckung neuer Himmelskörper ist nun möglich (1948).

Geburtstag: Thomas Ohrner, dt. Schauspieler und Moderator (1965)

4. Juni

Das Geld, das man besitzt, ist das Instrument der Freiheit: das Geld, dem man nachjagt, ist das Instrument der Knechtschaft.

Jean-Jacques Rousseau

Ereignis des Tages: Der französische König Ludwig XVIII. besteigt nach seiner Flucht nach Großbritannien den Thron und setzt damit die Monarchie fort (1814).

Geburtstag: Karl Valentin, dt. Komiker (1882–1948)

5. Juni

Der Vorteil der Klugheit besteht darin, dass man sich dumm stellen kann. Das Gegenteil ist schon schwieriger.

Kurt Tucholsky

Ereignis des Tages: Die ersten Fälle der Immunschwächekrankheit AIDS werden entdeckt (1981).

Geburtstag: Frederico García Lorca, span. Lyriker (1898–1936)

6. Juni

Dumm ist, wer glaubt, Geschehenes durch Worte ungeschehen zu machen.

Plautus

Ereignis des Tages: 374 prominente Frauen aus Deutschland bekennen, dass sie abgetrieben haben. Damit demonstrieren sie gegen den § 218 (1971).

Geburtstag: Thomas Mann, dt. Schriftsteller (1875–1955)

7. Juni

Die Erde ist eine Gondel, die an der Sonne hängt
und auf der wir aus einer Jahreszeit in die andere fahren.

Johann Peter Hebel

Ereignis des Tages: Willy Brandt trifft zum ersten Staatsbesuch eines deutschen Bundeskanzlers in Israel ein (1973).

Geburtstag: Prince, amerik. Popstar (1958)

8. Juni

Gepriesen sei derjenige, der nichts zu sagen hat
und davon absieht, das zu beweisen.

George Eliot

Ereignis des Tages: Der Kölner Boxer Peter Müller, genannt »De Aap«, schlägt den Ringrichter nieder (1952).

Geburtstag: Jürgen von der Lippe, dt. Showmaster (1948)

9. Juni

Der Gedanke fühlt und das Gefühl denkt.

Miguel de Unamuno

Ereignis des Tages: Im Eröffnungsspiel der Fußball-WM treffen Deutschland und Costa Rica aufeinander (2006).

Geburtstag: Johnny Depp, amerik. Schauspieler (1963)

10. Juni

Lasst uns das Leben genießen, solange wir es nicht begreifen.

Kurt Tucholsky

Ereignis des Tages: Der französische Revolutionär Robespierre übernimmt die französische Regierung (1794).

Geburtstag: Prinzessin Madeleine von Schweden (1982)

11. Juni

Die Konsequenz der Natur tröstet schön über die Inkonsequenz der Menschen.

Johann Wolfgang von Goethe

Ereignis des Tages: »Jurassic Park« von Stephen Spielberg wird zum größten Erfolg in der Kinogeschichte (1995).

Geburtstag: Klaus Wagenbach, dt. Verleger (1930)

12. Juni

Wenn du ein Kind hast, dann wird auch
aus dir wieder eins werden.

Äthiopisches Sprichwort

Ereignis des Tages: Der Kinofilm »Cleopatra« mit Liz Taylor in der Titelrolle feiert Premiere in New York (1963).

Geburtstag: Egon Schiele, österr. Maler (1890–1918)

13. Juni

Das Leben ist das schönste Märchen,
denn darin kommen wir selber vor.

Hans Christian Andersen

Ereignis des Tages: König Ludwig II. von Bayern ertrinkt im Starnberger See. Ob Unfall, Mord oder Selbstmord kann nicht geklärt werden (1886).

Geburtstag: Prinzessin Cristina von Spanien (1965)

14. Juni

Mische ein bisschen Torheit in dein ernstes Tun und Trachten!
Albernheiten im rechten Moment sind etwas Köstliches.

Horaz

Ereignis des Tages: Zwei Engländer überqueren erstmals den Nordatlantik
mit dem Flugzeug (1919).

Geburtstag: Stefanie Graf, dt. Tennisspielerin (1969)

15. Juni

Aus den Trümmern unserer Verzweiflung
bauen wir unseren Charakter.

Ralph Waldo Emerson

Ereignis des Tages: In Deutschland wird unter Bismarck das Gesetz zur Krankenversicherung auf den Weg gebracht (1883).

Geburtstag: Salman Rushdie, brit.-ind. Schriftsteller (1947)

16. Juni

Es ist nicht genug, zu wissen – man muss es auch anwenden.
Es ist nicht genug, zu wollen – man muss es auch tun!

Johann Wolfgang von Goethe

Ereignis des Tages: Die erste Frau im Weltraum ist die Russin
Walentina W. Tereschkowa (1963).

Geburtstag: Klaus Lage, dt. Musiker (1950)

17. Juni

Entflohener Augenblick kommt nicht zurück.

Deutsches Sprichwort

Ereignis des Tages: Auf Anordnung des Präsidenten Richard Nixon werden Abhörgeräte im Watergate-Hotel in Washington D.C./USA installiert (1972).

Geburtstag: Joachim Król, dt. Schauspieler (1957)

18. Juni

**Denken ist die Arbeit des Intellekts,
Träumen sein Vergnügen.**

Victor Hugo

Ereignis des Tages: Der Bundestag verbietet Tabakwerbung im Fernsehen (1974).
Geburtstag: Isabella Rossellini, ital. Schauspielerin (1952)

19. Juni

Bescheidenheit ist die Mäßigung seiner Ansprüche durch billigere Ansprüche anderer.

Immanuel Kant

Ereignis des Tages: Das Rockmusical »The Rocky Horror Show« von Richard O'Brian wird in London uraufgeführt (1973).

Geburtstag: Paula Abdul, amerik. Sängerin (1962)

20. Juni

Das Leben ist ein Spiel. Man macht keine größeren Gewinne,
ohne Verluste zu riskieren.

Christine von Schweden

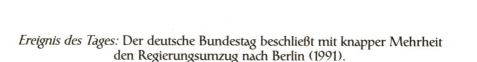

Ereignis des Tages: Der deutsche Bundestag beschließt mit knapper Mehrheit den Regierungsumzug nach Berlin (1991).

Geburtstag: Nicole Kidman, austr. Schauspielerin (1967)

21. Juni

Gib deine Illusionen nicht auf. Wenn du sie verloren hast, existierst du wohl noch, aber du hast aufgehört zu leben.

Mark Twain

Ereignis des Tages: 250 000 Menschen versammeln sich im Londoner Hyde Park, um das Stimmrecht für Frauen zu fordern (1908).

Geburtstag: Prinz William von England (1982)

22. Juni

Man soll nicht mehr schlachten, als man salzen kann.

Indianische Weisheit

Ereignis des Tages: Erstaufführung von Goethes Faust II in Berlin, inszeniert von Gustaf Gründgens (1942).

Geburtstag: Meryl Streep, amerik. Schauspielerin (1949)

23. Juni

Was fürchtest du? Es kann dir nur begegnen,
was dir gemäß und was dir dienlich ist.

Ephides

Ereignis des Tages: Der italienische General Umberto Nobile, der seit dem 25. Mai als am Nordpol verschollen galt, wird gerettet (1928).

Geburtstag: Paul Verhoeven, dt. Schauspieler (1901–1975)

24. Juni

Es ist besser, etwas gehabt und wieder verloren zu haben,
als es nie gehabt zu haben.

Walisisches Sprichwort

Ereignis des Tages: Die erste Ausgabe der BILD-Zeitung erscheint (1952),
Geburtstag: Claude Chabrol, frz. Regisseur (1930)

25. Juni

Die Zukunft ist jene Zeit, in der unsere Geschäfte gut gehen,
unsere Freunde treu sind und unser Glück gesichert ist.

Ambrose Bierce

Ereignis des Tages: Truppen Nordkoreas überschreiten die Grenze zu Südkorea
und lösen den Koreakrieg aus (1950).

Geburtstag: George Michael, brit. Sänger (1963)

26. Juni

Wenn meine Freunde einäugig sind, betrachte ich sie im Profil.

Joseph Joubert

Ereignis des Tages: US-Präsident John F. Kennedy sagt in Westberlin am Ende seiner legendären Rede: »Ich bin ein Berliner.« (1963).

Geburtstag: Mick Jagger, brit. Rockmusiker (1944)

27. Juni

Am liebsten erinnern sich die Frauen an die Männer,
mit denen sie lachen konnten.

Anton Tschechow

Ereignis des Tages: Das Kurfürstentum Bayern wird unter die Herrschaft der österreichischen Kaiserin Maria Theresia gestellt (1743).

Geburtstag: Isabelle Adjani, frz. Schauspielerin (1955)

28. Juni

Zu viel ist zu viel, aber viel zu viel ist genau richtig.

Hannibal

Ereignis des Tages: Erster regulärer Passagierflug zwischen den USA und Europa (1939).

Geburtstag: Mel Brooks, amerik. Regisseur (1926)

29. Juni

Der Verstand kann uns sagen, was wir unterlassen sollen.
Aber das Herz kann uns sagen, was wir tun müssen.

Joseph Joubert

Ereignis des Tages: Brasilien wird zum ersten Mal Fußballweltmeister (1958).
Geburtstag: Antoine de Saint-Exupéry, frz. Schriftsteller (1900–1944)

30. Juni

Immer nur lernen, ohne dabei nachzudenken,
das führt zu Verwirrung. Immer nur nachdenken,
ohne dabei zu lernen, das führt zu Erschöpfung.

Konfuzius

Ereignis des Tages: Die ARD strahlt die erste Dallas-Folge aus (1981).
Geburtstag: Ralf Schumacher, dt. Rennfahrer (1975)

Juli

1. Juli

Nichts tut der Seele besser,
als jemandem seine Traurigkeit abzunehmen.

Paul Verlaine

Ereignis des Tages: Nach 156 Jahren kolonialer Herrschaft Großbritanniens wird Hongkong wieder an China zurückgegeben (1997).

Geburtstag: Prinzessin Diana von England (1961–1997)

2. Juli

Der ideale Tag wird nie kommen.
Der ideale Tag ist heute, wenn wir ihn dazu machen.

Horaz

Ereignis des Tages: Per Bürgerrechtsgesetz wird in den USA Rassendiskriminierung jeglicher Art verboten (1965).

Geburtstag: Hermann Hesse, dt. Schriftsteller (1877–1962)

3. Juli

Wenn ich zuhöre, habe ich den Nutzen.
Wenn ich spreche, haben ihn andere.

Arabisches Sprichwort

Ereignis des Tages: Das berühmte Riesenrad am Wiener Prater wird eingeweiht (1897).

Geburtstag: Tom Cruise, amerik. Filmschauspieler (1962)

4. Juli

Die Entfernung ist unwichtig.
Nur der erste Schritt ist wichtig.

Marquise du Deffand

Ereignis des Tages: Die Raumsonde Pathfinder landet auf dem Mars (1997).

Geburtstag: Ute Lemper, dt. Sängerin (1963)

5. Juli

Sei dir deiner Kräfte, Bedürfnisse und Möglichkeiten bewusst,
dann wirst du auf dem Weg, den du beschreitest,
einen Gefährten haben.

Tibetanisches Sprichwort

Ereignis des Tages: Thomas Cook bietet die erste Pauschalreise an (1841).
Geburtstag: Georges Pompidou, frz. Staatspräsident (1911–1974)

6. Juli

Gehe ganz in deinen Handlungen auf und denke,
es wäre deine letzte Tat.

Buddha

Ereignis des Tages: Die Tänzerin Micheline Bernardi führt auf einer Pariser Modenschau den ersten Bikini vor (1946).

Geburtstag: Sylvester Stallone, amerik. Filmschauspieler (1946)

7. Juli

Mit den Flügeln der Zeit fliegt die Traurigkeit davon.

Theodor Fontane

Ereignis des Tages: Der 17-jährige Boris Becker gewinnt als erster Deutscher Wimbledon (1985).

Geburtstag: Nina Hoss, dt. Schauspielerin (1975)

8. Juli

Die Moral ist immer die letzte Zuflucht der Leute,
welche die Schönheit nicht begreifen.

Oscar Wilde

Ereignis des Tages: Erster israelischer Staatsbesuch von Ministerpräsident Yitzhak Rabin in Deutschland (1975).

Geburtstag: Käthe Kollwitz, dt. Grafikerin und Bildhauerin (1867–1945)

9. Juli

Du musst jeden Tag auch deinen Feldzug gegen dich selber führen.

Friedrich Nietzsche

Ereignis des Tages: Der US-Amerikaner und späterer Tarzan-Darsteller Johnny Weissmuller schwimmt den Weltrekord in 100-Meter Freistil (1922).

Geburtstag: Tom Hanks, amerik. Schauspieler (1956)

10. Juli

Man muss sich auf etwas verlassen können,
von dem man nicht verlassen wird.

Laotse

Ereignis des Tages: Ein Schiff der Umweltschutzorganisation Greenpeace, die »Rainbow Warrior«, wird versenkt (1985).

Geburtstag: Ulla Kock am Brink, dt. Fernsehmoderatorin (1961)

11. Juli

Können wir jemals von etwas Gutem zu viel haben?

Miguel de Cervantes

Ereignis des Tages: Premiere des Italo-Westerns »Spiel mir das Lied vom Tod« von Sergio Leone (1968).

Geburtstag: Suzanne Vega, amerik. Sängerin (1959)

12. Juli

Mittelmäßige Geister verurteilen gewöhnlich alles,
was über ihren Horizont geht.

La Rochefoucauld

Ereignis des Tages: In der Eingangshalle des spanischen Pavillons auf der Pariser Weltausstellung hängt Pablo Picassos Ölgemälde »Guernica« (1937).

Geburtstag: Pablo Neruda, chilen. Dichter (1904–1973)

13. Juli

Man sollte immer denken: Gestern war es nichts und morgen ist's vorbei; dann würde man sich den Augenblick nie verkümmern lassen.

Friedrich Hebbel

Ereignis des Tages: Austragung der ersten Fußball-Weltmeisterschaft (1930).
Geburtstag: Harrison Ford, amerik. Schauspieler (1942)

14. Juli

Im November verabschiedet sich die Sonne
und man entdeckt die Liebe zum Ofen.

Russisches Sprichwort

Ereignis des Tages: Sturm auf die Bastille in Paris –
Beginn der Französischen Revolution (1789).

Geburtstag: Prinzessin Victoria von Schweden (1977)

15. Juli

Tritt eine Idee in einen hohlen Kopf,
so füllt sie ihn völlig aus – weil keine andere da ist,
die ihr den Rang streitig machen könnte.

Charles-Louis de Montesquieu

Ereignis des Tages: Der Spielfilm »Blondinen bevorzugt«
wird in den USA uraufgeführt (1953).

Geburtstag: Rembrandt van Rijn, fläm. Maler (1606–1669)

16. Juli

Was sich nicht abbürsten lässt,
muss man abstreicheln.

Ovid

Ereignis des Tages: Die Sowjetunion gewährt Deutschland volle Souveränität – entscheidender Schritt zur Vereinigung von BRD und DDR (1990).

Geburtstag: Ginger Rogers, amerik. Tänzerin und Schauspielerin (1911–1995)

17. Juli

Die Welt ist in zwei Klassen geteilt,
in diejenigen, welche das Unglaubliche glauben,
und diejenigen, welche das Unwahrscheinliche tun.

Oscar Wilde

Ereignis des Tages: Kinostart des Kultfilms »Easy Rider« (1969).
Geburtstag: Angela Merkel, dt. Bundeskanzlerin (1954)

18. Juli

Jede dunkle Nacht hat ein helles Ende.

Nezâmî

Ereignis des Tages: Eröffnung des ersten Disneyland-Parks in Los Angeles (1955).
Geburtstag: Ricarda Huch, dt. Schriftstellerin (1864–1947)

19. Juli

Denn wahrhaftig steckt die Kunst in der Natur,
wer sie heraus kann reißen, der hat sie.

Albrecht Dürer

Ereignis des Tages: In einer englischen Zeitschrift erscheint
die erste Heiratsannonce der Welt (1695).

Geburtstag: Gottfried Keller, schweiz. Schriftsteller (1819–1890)

20. Juli

Tu so viel Gutes, wie du kannst, und mache
so wenig Gerede wie nur möglich darüber.

Charles Dickens

Ereignis des Tages: Kambodscha und Laos werden unabhängig (1954).
Geburtstag: Nathalie Wood, amerik. Filmschauspielerin (1938–1981)

21. Juli

Versuchungen sollte man nachgeben.
Wer weiß, ob sie wiederkommen.

Oscar Wilde

Ereignis des Tages: Der US-amerikanische Astronaut Neil Armstrong betritt als erster Mensch den Mond, live mitverfolgt von über 500 Millionen Fernsehzuschauern (1969).

Geburtstag: Ernest Hemingway, amerik. Schriftsteller (1899–1961)

22. Juli

Ein wenig Leidenschaft beflügelt den Geist,
zu viel löscht ihn aus.

Henri Stendhal

Ereignis des Tages: Großbritannien ist der letzte europäische Staat, der die Prügelstrafe abschafft (1968).

Geburtstag: Franka Potente, dt. Schauspielerin (1974)

23. Juli

Selbstaufopferung ist das wirkliche Wunder,
aus dem alle anderen Wunder entspringen.

Ralph Waldo Emerson

Ereignis des Tages: Den Protestanten wird unter Karl V. die freie Religionsausübung zugestanden (1532).

Geburtstag: Götz George, dt. Schauspieler (1938)

24. Juli

Ein Kluger bemerkt alles, ein Dummer macht über alles seine Bemerkungen.

Heinrich Heine

Ereignis des Tages: Südafrika nimmt erstmals seit 1960 an Olympischen Spielen teil (1992).

Geburtstag: Frank Wedekind, dt. Schriftsteller (1864–1918)

25. Juli

Man beurteilt Menschen ganz anders und allein richtig,
wenn man nichts von ihnen haben will.

Gottfried Keller

Ereignis des Tages: Papst Paul VI. verbietet den Gebrauch der Pille (1968).
Geburtstag: Stefanie Hertel, dt. Sängerin (1979)

26. Juli

Wie kahl und jämmerlich würde manches Stück Erde aussehen,
wenn kein Unkraut darauf wüchse.

Wilhelm Raabe

Ereignis des Tages: Das erste Baby aus der Retorte wird in London zur Welt gebracht (1978).

Geburtstag: Sandra Bullock, amerik, Schauspielerin (1965)

27. Juli

Im Alter gibt es keinen schöneren Trost, als dass man
die ganze Kraft seiner Jugend Werken einverleibt hat,
die nicht mitaltern.

Arthur Schopenhauer

Ereignis des Tages: In Kairo stirbt der gestürzte Schah von Persien,
Mohammed Resa Pahlawi (1980).

Geburtstag: Margarethe Schreinemakers, dt. Moderatorin (1958)

28. Juli

Viele glauben nichts, aber fürchten alles.

Friedrich Hebbel

Ereignis des Tages: Zum ersten Mal in der Geschichte werden Frauen bei Olympischen Spielen zugelassen (1928).

Geburtstag: Jacqueline »Jackie« Onassis, amerik. Publizistin (1929–1994)

29. Juli

Auf Schönheit gebaute Liebe
stirbt so schnell wie die Schönheit.

John Donne

Ereignis des Tages: Hochzeit des britischen Thronfolgers Prinz Charles
mit Lady Diana Spencer in London (1981).

Geburtstag: Dag Hammerskjöld, schwed. Politiker (1905–1961)

30. Juli

Es gibt nichts Beständigeres als die Unbeständigkeit.

Hans Jakob Christoffel von Grimmelshausen

Ereignis des Tages: Durch das umstrittene »Wembley-Tor« wird Gastgeber England Fußballweltmeister (1966).

Geburtstag: Kate Bush, brit. Sängerin (1958)

31. Juli

Die Menschen deuten oft nach ihrer Weise die Dinge,
weit entfernt vom wahren Sinn.

William Shakespeare

Ereignis des Tages: In Valencia wird zum letzten Mal ein Ketzer
im Rahmen der Inquisition hingerichtet (1834).

Geburtstag: Erich Heckel, dt. Maler (1883–1970)

August

1. August

Der Kluge lernt, der Dummkopf erteilt gern Belehrungen.

Anton Tschechow

Ereignis des Tages: Der Musiksender MTV startet erfolgreich sein Programm (1981).
Geburtstag: Yves Saint-Laurent, frz. Modeschöpfer (1936)

2. August

Es wird Wagen geben, die von keinem Tier gezogen werden
und mit unglaublicher Gewalt daherfahren.

Leonardo da Vinci

Ereignis des Tages: Der karthagische Feldherr Hannibal fügt den Römern
die größte Niederlage ihrer Geschichte zu (216 v. Chr.).

Geburtstag: Volker Brandt, dt. Schauspieler (1936)

3. August

Die Liebe ist eine Dummheit, die zu zweit begangen wird.

Napoléon

Ereignis des Tages: Die Mailänder Scala, das in klassischem Stil gebaute Opernhaus, wird eingeweiht (1778).

Geburtstag: Martin Sheen, amerik. Schauspieler (1940)

4. August

Man läuft Gefahr zu verlieren,
wenn man zu viel gewinnen möchte.

Jean de la Fontaine

Ereignis des Tages: Der Argentinier Juan Manuel Fangio erringt zum fünften Mal den Weltmeistertitel der Formel 1 (1957).

Geburtstag: Knut Hansen, norweg. Schriftsteller (1859–1952)

5. August

Nichts auf der Welt ist so gerecht verteilt wie der Verstand.
Denn jedermann ist überzeugt, dass er genug davon habe.

René Descartes

Ereignis des Tages: Die amerikanische Schauspielerin Marilyn Monroe wird in ihrer Wohnung tot aufgefunden, die Diagnose Selbstmord bleibt jedoch umstritten (1958).

Geburtstag: Rosi Mittermaier, dt. Skirennläuferin (1950)

6. August

Wer die Freiheit aufgibt, um Sicherheit zu gewinnen,
der wird am Ende beides verlieren.

Benjamin Franklin

Ereignis des Tages: Als erste Frau durchschwimmt die deutsche Gertrude Ederle den Ärmelkanal (1926).

Geburtstag: Andy Warhol, amerik. Künstler (1928–1987)

7. August

Egal, wie tief man die Messlatte des geistigen Verstandes
eines Menschen legt, es gibt jeden Tag jemanden,
der bequem darunter durchlaufen kann.

Deutsches Sprichwort

Ereignis des Tages: In Helsinki findet die erste Leichtathletik-Weltmeisterschaft statt (1983).

Geburtstag: Joachim Ringelnatz, dt. Schriftsteller (1883–1934)

8. August

Es muss Herzen geben, welche die Tiefe
unseres Wesens kennen und auf uns schwören,
selbst wenn die ganze Welt uns verlässt.

Karl Ferdinand Gutzkow

Ereignis des Tages: Der amerikanische Präsident Richard Nixon tritt wegen seiner Verwicklung in den Watergate-Skandal zurück (1974).

Geburtstag: Dustin Hoffman, amerik. Schauspieler (1937)

9. August

Die Bücher, die von der Welt unmoralisch genannt werden,
sind Bücher, die der Welt ihre eigene Schande zeigen.

Oscar Wilde

Ereignis des Tages: Die Tennismannschaft der USA gewinnt das erste Finale um den Davis-Cup (1900).

Geburtstag: Whitney Houston, amerik. Popsängerin (1963)

10. August

Ich beuge mich, aber ich breche nicht.

Jean de la Fontaine

Ereignis des Tages: In Paris wird der Louvre, ehemals Schloss der französischen Könige, als Museum eröffnet (1793).

Geburtstag: Grit Boettcher, dt. Schauspielerin (1938)

11. August

Der Anfang fürchtet oft, womit das Ende scherzt.

Andreas Gryphius

Ereignis des Tages: Eine totale Sonnenfinsternis zieht Millionen Menschen in Deutschland in ihren Bann. Die nächste Sonnenfinsternis ist hierzulande wieder 2081 zu sehen (1999).

Geburtstag: Enid Blyton, engl. Schriftstellerin (1896–1968)

12. August

Es ist schon lange einer meiner Grundsätze,
dass die kleinsten Dinge bei Weitem die wichtigsten sind.

Arthur Conan Doyle

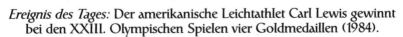

Ereignis des Tages: Der amerikanische Leichtathlet Carl Lewis gewinnt
bei den XXIII. Olympischen Spielen vier Goldmedaillen (1984).

Geburtstag: Mark Knopfler, brit. Musiker (1949)

13. August

In Wirklichkeit erkennen wir nichts;
denn die Wahrheit liegt in der Tiefe.

Demokrit

Ereignis des Tages: Der Mauerbau in Berlin beginnt (1961).
Geburtstag: Heike Makatsch, dt. Schauspielerin (1971)

14. August

Nur aufs Ziel zu sehen verdirbt die Lust am Reisen.

Friedrich Rückert

Ereignis des Tages: Präsident De Klerk führt in Südafrika Reformen zur Lockerung der Apartheid ein (1989).

Geburtstag: Wim Wenders, dt. Filmregisseur (1945)

15. August

Platonische Liebe kommt mir so vor
wie ein ewiges Zielen und niemals losdrücken.

Wilhelm Busch

Ereignis des Tages: 500 000 Hippies besuchen das Woodstock-Festival (1969).
Geburtstag: Napoléon, Kaiser der Franzosen (1769–1821)

16. August

Wo dein Teppich ist, da ist dein Heim.

Persisches Sprichwort

Ereignis des Tages: Chaplins »Goldrausch« kommt in die Kinos (1926).

Geburtstag: Madonna, amerik. Popsängerin (1958)

17. August

Es gehört viel Kraft dazu, Gefühle zu zeigen,
die ins Lächerliche gezogen werden können.

Germaine Madame de Staël

Ereignis des Tages: Ein Urteil des Bundesverfassungsgerichts
erklärt die KPD als verfassungswidrig (1956).

Geburtstag: Robert de Niro, amerik. Schauspieler (1943)

18. August

Die Schöpfung ist niemals vollendet. Sie hat zwar einmal angefangen, aber sie wird niemals aufhören.

Immanuel Kant

Ereignis des Tages: Der Austin »Mini« Cooper erregt das Interesse der Automobilwelt (1959).

Geburtstag: Patrick Swayze, amerik. Schauspieler (1952)

19. August

Moral zu predigen ist ebenso leicht,
als Moral zu begründen schwer ist.

Friedrich Nietzsche

Ereignis des Tages: 14 n. Chr. wird Tiberius römischer Kaiser und sichert die Grenzen des Reiches.

Geburtstag: Prinzessin Mette-Marit von Norwegen (1972)

20. August

Der Zweck der Aufstände aber ist Gewinn und Ehre oder ihr Gegenteil.

Aristoteles

Ereignis des Tages: In Baltimore wird die erste Gewerkschaft in den USA gegründet (1866).

Geburtstag: Hannelore Hoger, dt. Schauspielerin (1941)

21. August

*Zu glauben ist schwer,
nichts zu glauben ist unmöglich.*

Victor Hugo

Ereignis des Tages: Das Gemälde »Mona Lisa« wird aus dem Pariser Louvre geraubt (1911).

Geburtstag: Kenny Rogers, amerik. Sänger (1938)

22. August

Viele Male schaut der Wille durchs Fenster,
ehe die Tat durch das Tor schreitet.

Erasmus von Rotterdam

Ereignis des Tages: Zum ersten Mal finden in Salzburg
die berühmten Salzburger Festspiele statt (1920).

Geburtstag: Claude Debussy, frz. Komponist (1862–1918)

23. August

Nie habe ich einen gesehen, der der Tugend
mehr ergeben war als der Sinnlichkeit.

Konfuzius

Ereignis des Tages: Kinostart von »Tote schlafen fest« (1946).
Geburtstag: Ephraim Kishon, israel. Schriftsteller (1924–2005)

Mo/15.1.2010

24. August

Alte haben gewöhnlich vergessen, dass sie jung gewesen sind, oder sie vergessen, dass sie alt sind, und Junge begreifen nie, dass sie alt werden können.

Kurt Tucholsky

Ereignis des Tages: Der Ausbruch des Vesuvs zerstört Pompeji (79).
Geburtstag: Nina Ruge, dt. Fernsehmoderatorin (1956)

25. August

Langweiler: ein Mensch, der redet,
wenn du wünschst, dass er zuhört.

Ambrose Bierce

Ereignis des Tages: Pluto ist nur noch Zwergplanet (2006).
Geburtstag: Claudia Schiffer, dt. Model (1970)

26. August

Habe Mut, dich deines eigenen Verstandes zu bedienen!

Immanuel Kant

Ereignis des Tages: Deutscher Kinostart von »Love Story« (1969).
Geburtstag: Michel de Montgolfier, frz. Erfinder (1740–1810)

27. August

Lass dich durch nichts auf Erden traurig machen,
solange du noch lieben kannst.

Ungarisches Sprichwort

Ereignis des Tages: In Washington, USA, findet mit über 200 000 Teilnehmern die bislang größte Demonstration gegen Rassismus statt (1963).

Geburtstag: Marianne Sägebrecht, dt. Schauspielerin (1945)

28. August

Wenn Fasten, dann Fasten,
wenn Rebhuhn, dann Rebhuhn.

Teresa von Ávila

Ereignis des Tages: Stefan George bekommt als erster Autor von der Stadt Frankfurt a. M. den Goethe-Preis verliehen (1927).

Geburtstag: Johann Wolfgang von Goethe, dt. Schriftsteller (1749–1832)

29. August

Ohne Zweifel sind die besten und für das Gemeinwohl verdienstvollsten Werke von ledigen oder kinderlosen Männern vollbracht worden.

Francis Bacon

Ereignis des Tages: Uraufführung des Dramas »Don Carlos« von Friedrich Schiller in Hamburg (1787).

Geburtstag: Ingrid Bergman, schwed. Filmschauspielerin (1915–1982)

30. August

Es gibt drei Arten von Lügen:
Lügen, verdammte Lügen und Statistiken.

Benjamin Disraeli

Ereignis des Tages: Das Mikroskop wird erfunden (1590).

Geburtstag: Peter Maffay, dt. Sänger (1949)

31. August

Beim Abschied wird die Zuneigung zu den Sachen,
die uns lieb sind, immer ein wenig wärmer.

Michel de Montaigne

Ereignis des Tages: Uraufführung der »Dreigroschenoper«
von Bertolt Brecht in Berlin (1928).

Geburtstag: Richard Gere, amerik. Schauspieler (1949)

September

1. September

Die Liebenswürdigkeit, wenn sie echt ist,
hilft über viele Unkorrektheiten hinweg.

Theodor Fontane

Ereignis des Tages: Mit dem Kinostart von »Die Reise zum Mond« wird der Science-Fiction-Film ins Leben gerufen (1902).

Geburtstag: Barry Gibb, engl. Sänger (1946)

2. September

Eilen hilft nichts. Zur rechten Zeit fortgehen, das ist's.

Jean de la Fontaine

Ereignis des Tages: In der zum Weltkulturerbe gehörenden Herzogin Anna Amalia Bibliothek in Weimar bricht Feuer aus. 50 000 Bücher verbrennen (2004).

Geburtstag: Anja Schüte, dt. Schauspielerin (1964)

3. September

Bildung ist das, was übrig bleibt,
wenn der letzte Dollar weg ist.

Mark Twain

Ereignis des Tages: Schweden stellt von Links- auf Rechtsverkehr um (1967).

Geburtstag: Charlie Sheen, amerik. Schauspieler (1965)

4. September

Nichts wird so leicht für Übertreibung gehalten
wie die Schilderung der reinen Wahrheit.

Joseph Conrad

Ereignis des Tages: Der US-Amerikaner Mark Spitz erschwimmt die siebte Goldmedaille bei den Olympischen Spielen in München (1972).

Geburtstag: Henry Ford II., amerik. Unternehmer (1917–1987)

5. September

Sicher ist, dass nichts sicher ist.
Selbst das nicht.

Joachim Ringelnatz

Ereignis des Tages: Im Alter von 87 Jahren stirbt Mutter Teresa in Kalkutta (1997).
Geburtstag: Freddie Mercury, brit. Sänger (1946–1991)

6. September

Eines Tages wird alles gut sein, das ist unsere Hoffnung.
Heute ist alles in Ordnung, das ist unsere Illusion.

Voltaire

Ereignis des Tages: Eröffnung des Wallraf-Richartz-Museum/Museum Ludwig in Köln (1986).

Geburtstag: Amelie Fried, dt. Moderatorin (1958)

7. September

Gibt es schließlich eine bessere Form, mit dem Leben fertig zu werden, als mit Liebe und Humor?

Charles Dickens

Ereignis des Tages: Eröffnung des Elbtunnels in Hamburg (1911).
Geburtstag: Jörg Pilawa, dt. Moderator (1965)

8. September

Menschen mit einer neuen Idee gelten so lange als Spinner,
bis sich die Sache durchgesetzt hat.

Mark Twain

Ereignis des Tages: Ulrike Meyfarth erzielt neuen Hochsprungrekord (1971).
Geburtstag: Mario Adorf, dt.-ital. Schauspieler (1930)

9. September

Vor großen Entscheidungen des Verhängnisses
ergreift alle Menschen der Aberglaube.

Jean Paul

Ereignis des Tages: Erstmals dürfen DDR-Bürger in den Westen reisen (1964).
Geburtstag: Hugh Grant, brit. Schauspieler (1960)

10. September

Wende dein Gesicht der Sonne zu,
und du lässt die Schatten hinter dir.

Afrikanisches Sprichwort

Ereignis des Tages: Ehrung des millionsten Gastarbeiters in der Bundesrepublik Deutschland (1964).

Geburtstag: Karl Lagerfeld, dt. Modedesigner (1938)

11. September

Mit wem du gelacht hast, wirst du vielleicht vergessen,
mit wem du geweint hast, nie.

Arabisches Sprichwort

Ereignis des Tages: Die USA werden Opfer des verheerendsten Terroranschlags ihrer Geschichte (2001).

Geburtstag: Franz Beckenbauer, dt. Fußballspieler (1945)

12. September

Sobald die kleine Quelle versiegt,
trocknet der große Strom aus.

Aus Japan

Ereignis des Tages: Der FDP-Politiker Theodor Heuss wird zum ersten Bundespräsidenten der Bundesrepublik Gewählt (1949).

Geburtstag: Barry White, amerik. Sänger (1944–2003)

13. September

Je vollkommener und je gegenwärtiger etwas ist,
desto schwerer ist es uns, es zu lieben.

Walther Rathenau

Ereignis des Tages: Israels Premierminister Ytzhak Rabin und PLO-Chef Jassir Arafat einigen sich über die Autonomie in Palästina (1993).

Geburtstag: Roald Dahl, brit. Schriftsteller (1916–1990)

14. September

Das Geheimnis des außerordentlichen Menschen
ist in den meisten Fällen nichts als Konsequenz.

Buddha

Ereignis des Tages: Uraufführung von Alfred Hitchcocks Psycho-Thriller »Verdacht«
mit Cary Grant in der Hauptrolle (1941).

Geburtstag: Martina Gedeck, dt. Schauspielerin (1961)

15. September

Reisen ist: in jedem Augenblick geboren werden und sterben.

Victor Hugo

Ereignis des Tages: Konrad Adenauer wird erster Bundeskanzler (1949).
Geburtstag: Prinzessin Letizia von Spanien (1972)

16. September

Zärtlichkeit und Güte drücken nicht
Schwäche und Verzweiflung aus, sondern sie sind
Zeichen der Stärke und Entschlossenheit!

Khalil Gibran

Ereignis des Tages: Die ersten englischen Auswanderer stechen mit der »Mayflower« in See Richtung Neue Welt (1620).

Geburtstag: Lauren Bacall, amerik. Schauspielerin (1924)

17. September

Bescheidenheit ist mehr ein Gefühl als eine Neigung.
Sie ist eine Art Furcht, dem üblen Ruf zu verfallen.

Aristoteles

Ereignis des Tages: Bruch der Koalition zwischen SPD und FDP (1982).
Geburtstag: Reinhold Messner, ital. Bergsteiger (1944)

18. September

Sei, was du bist, immer ganz und immer derselbe.

Adolph Freiherr von Knigge

Ereignis des Tages: In der Paulskirche findet die erste Frankfurter Buchmesse statt (1949).
Geburtstag: Wolfgang Schäuble, dt. Politiker (1942)

19. September

Willst du den Charakter eines Menschen kennenlernen,
so gib ihm Macht.

Abraham Lincoln

Ereignis des Tages: In Belgien findet der erste Schönheitswettbewerb statt (1888).

Geburtstag: Jeremy Irons, brit. Schauspieler (1948)

20. September

Den Ehrlosen siehst du mit den Angelegenheiten
seines Nachbarn beschäftigt.

Aus Arabien

Ereignis des Tages: Deutscher Kinostart des Thrillers »Die Vögel«
von Alfred Hitchcock (1963).

Geburtstag: Sabine Christiansen, dt. Moderatorin (1957)

21. September

Die Neugierde der Kinder ist der Wissensdurst nach Erkenntnis, darum sollte man diese in ihnen fördern und ermutigen.

John Locke

Ereignis des Tages: Einführung einer flexiblen Altersgrenze in der Rentenversicherung (1973).

Geburtstag: Stephen King, amerik. Schriftsteller (1947)

22. September

Die Standhaftigkeit besteht darin,
dass man sich dem Unglück entgegenstellt!

Friedrich der Große

Ereignis des Tages: US-Präsident Abraham Lincoln schafft die Sklaverei ab (1863).

Geburtstag: Prinzessin Märtha Louise von Norwegen (1971)

23. September

Alle glücklichen Familien sind einander ähnlich; aber jede unglückliche Familie ist auf ihre besondere Art unglücklich.

Leo Tolstoi

Ereignis des Tages: Zehn Jahre nach dem Mauerfall wird Deutschland wieder von Berlin aus regiert (1999).

Geburtstag: Ray Charles, amerik. Soulmusiker (1932–2004)

24. September

Die Jahre lehren viel, was die Tage niemals wissen.

Ralph Waldo Emerson

Ereignis des Tages: Der Roman »Die Blechtrommel« von Günter Grass wird veröffentlicht (1959).

Geburtstag: Jim Henson, Film- und Fernsehproduzent (1936–1990)

25. September

Nichts hat im modernen Leben eine solche Wirkung
wie eine gute Banalität.

Oscar Wilde

Ereignis des Tages: Die UNO-Mitgliedsstaaten verhängen eine Luftblockade gegen den Irak aus Protest gegen dessen Übergriff auf Kuwait (1990).

Geburtstag: Michael Douglas, amerik. Schauspieler (1944)

26. September

Es gibt sehr viele Leute, die glauben – aber aus Aberglauben.

Blaise Pascal

Ereignis des Tages: Erstmals verkehren in Deutschland Intercity-Züge (1971).
Geburtstag: Olivia Newton-John, brit. Sängerin (1947)

27. September

Die einzige Methode, gesund zu bleiben, besteht darin,
zu essen, was man nicht mag, zu trinken, was man verabscheut,
und zu tun, was man lieber nicht täte.

Mark Twain

Ereignis des Tages: Baubeginn des Hofbräuhauses in München (1589).
Geburtstag: Patrick Lindner, dt. Sänger (1960)

28. September

Die Zukunft hat viele Namen. Für die Schwachen ist sie die Unerreichbare, für die Furchtsamen ist sie die Unbekannte, für die Tapferen ist sie die Chance.

Victor Hugo

Ereignis des Tages: Das Antibiotikum Penicillin wird entdeckt (1928).

Geburtstag: Jennifer Rush, amerk. Sängerin (1960)

29. September

Eine Investition in Wissen
bringt noch immer die besten Zinsen.

Benjamin Franklin

Ereignis des Tages: In London öffnet das erste Eheanbahnungsinstitut der Welt seine Pforten (1650).

Geburtstag: Jerry Lee Lewis, amerik. Musiker (1935)

30. September

Was für den Körper der Schwindel ist,
ist Verlegenheit für den Geist.

Ludwig Börne

Ereignis des Tages: Günter Grass wird der Literaturnobelpreis zugesprochen (1999).
Geburtstag: Udo Jürgens, österr. Schlagersänger (1934)

Oktober

1. Oktober

Nichts bildet den Menschen mehr als Menschenschicksal sehen.

Wilhelm Raabe

Ereignis des Tages: Nach einem konstruktiven Misstrauensvotum löst Helmut Kohl den Bundeskanzler Helmut Schmidt ab (1982).

Geburtstag: Günter Wallraff, dt. Schriftsteller (1942)

2. Oktober

Die Zeit ist ein Augenblick. Unser Erdendasein
wie unser Erdengang ein Fall durch Augenblicke.

Jean Paul

Ereignis des Tages: Der kanadische Sprinter Ben Johnson wird bei den Olympischen Sommerspielen in Seoul wegen Doping-Missbrauchs disqualifiziert (1988).

Geburtstag: Sting (Gordon Matthew Sumner), brit. Popsänger (1951)

3. Oktober

Das schönste Haus ist das, welches jedermann offen steht.

Aus 1001 Nacht

Ereignis des Tages: Tag der deutschen Einheit (1990).
Geburtstag: Thomas Wolfe, amerik. Schriftsteller (1900–1938)

4. Oktober

Aufmerksamkeit und Liebe bedingen einander wechselseitig.

Hugo von Hofmannsthal

Ereignis des Tages: Jungfernfahrt des später legendär gewordenen Orientexpress' (1883).
Geburtstag: Susan Sarandon, amerik. Schauspielerin (1946)

5. Oktober

Ein jeder Wunsch, wenn er erfüllt, kriegt augenblicklich Junge.

Wilhelm Busch

Ereignis des Tages: Der verkaufsoffene Donnerstag wird in Deutschland eingeführt (1989).

Geburtstag: Bob Geldof, irisch. Sänger (1954)

6. Oktober

Denn nichts Vollkommenes gibt es auf Erden.

Horaz

Ereignis des Tages: Das spätere Kultauto »Ente«, der 2CV der Firma Citroën, erblickt das Licht der Welt (1948).

Geburtstag: Jenny Lind, schwed. Sängerin (1820–1887)

7. Oktober

Der wirkliche Reichtum eines Menschen ist der Reichtum seiner wirklichen Beziehungen.

Karl Marx

Ereignis des Tages: Die amerikanische Tänzerin Josephine Baker tanzt in der Revue »Nègre« den berühmten Bananentanz (1925).

Geburtstag: Georg Danzer, österr. Sänger (1946–2007)

8. Oktober

Das wahre Gut des Menschen ist das eifrige Bestreben
der Vervollkommnung seiner Natur.

Baruch de Spinoza

Ereignis des Tages: Die erste Dauerwelle wird in London vorgestellt (1906).

Geburtstag: Helmut Qualtinger, österr. Kabarettist (1928–1986)

9. Oktober

Es kommt nicht darauf an, wie eine Sache ist,
es kommt darauf an, wie sie wirkt.

Kurt Tucholsky

Ereignis des Tages: Günter Wallraff entlarvt mit seinem Buch
»Der Aufmacher« die Methoden der Bild-Zeitung (1977).

Geburtstag: John Lennon, brit. Popmusiker (1940–1980)

10. Oktober

Wer das Schwerere oder Größere bewirken kann,
kann auch das Geringere bewirken.

René Descartes

Ereignis des Tages: Die Düsseldorfer Kunstakademie kündigt Joseph Beuys, der die Immatrikulation nicht zugelassener Studenten durch Besetzung des Sekretariats erzwingen wollte (1972).

Geburtstag: Harold Pinter, brit. Schriftsteller (1930)

11. Oktober

Die Schlechtigkeit ist ihre eigene Strafe.

Seneca

Ereignis des Tages: Das Betriebsverfassungsgesetz tritt in Kraft – es regelt die Einführung von Betriebsräten (1952).

Geburtstag: Sascha Hehn, dt. Schauspieler (1954)

12. Oktober

Leidenschaft ist immer siegreich.

Theodor Fontane

Ereignis des Tages: Die Sozialistischen Arbeiterpartei Deutschlands wird umbenannt in die Sozialdemokratische Partei Deutschlands, SPD (1890).

Geburtstag: Luciano Pavarotti, ital. Sänger (1935–2007)

13. Oktober

Die Liebe ist eine vorübergehende Geisteskrankheit,
die entweder durch Heirat heilbar ist oder durch
die Entfernung des Patienten von den Einflüssen,
unter denen er sich die Krankheit zugezogen hat.

Ambrose Bierce

Ereignis des Tages: Agrippina vergiftet ihren Mann, den römischen Kaiser Claudius; ihr Sohn Nero wird neuer Kaiser (54).

Geburtstag: Paul Simon, amerik. Popsänger (1942)

14. Oktober

Der Augenblick ist kostbar wie das Leben eines Menschen.

Friedrich von Schiller

Ereignis des Tages: Erstmals durchbricht ein Flugzeug die Schallmauer (1947).

Geburtstag: Roger Moore, brit. Schauspieler (1927)

15. Oktober

An kleinen Dingen muss man sich nicht stoßen,
wenn man zu großen auf dem Wege ist.

Friedrich Hebbel

Ereignis des Tages: Uraufführung des Films »Der große Diktator«
von Charly Chaplin (1940).

Geburtstag: Sarah, Herzogin von York (1959)

16. Oktober

Im Dunkeln hat einzig der Irrtum sein Reich.

Luc de Clapiers Vauvenargues

Ereignis des Tages: Sönke Wortmann bannt das »Wunder von Bern« auf die Leinwand und lockt Millionen Zuschauer in die Kinos (2003).

Geburtstag: Oscar Wilde, irisch. Schriftsteller (1854–1900)

17. Oktober

Wie ihr wisst, war Sicherheit des Menschen Erbfeind jederzeit.

William Shakespeare

Ereignis des Tages: Mit der Verlobungsfeier des bayerischen Kronprinzen wird das Münchner Oktoberfest aus der Taufe gehoben (1810).

Geburtstag: Arthur Miller, amerik. Schriftsteller (1915–2005)

18. Oktober

Das große unzerstörbare Wunder
ist der Menschenglaube an Wunder.

Jean Paul

Ereignis des Tages: Der Allgemeine Deutsche Frauenverein wird gegründet und setzt sich für das Recht auf Berufstätigkeit von Frauen ein (1864).

Geburtstag: Klaus Kinski, dt. Schauspieler (1926–1991)

19. Oktober

Die Vernünftigen halten bloß durch,
die Leidenschaftlichen leben.

Nicolas Chamfort

Ereignis des Tages: In den USA wird die erste funktionstüchtige Glühbirne vorgestellt (1879).

Geburtstag: John Le Carré, engl. Schriftsteller (1931)

20. Oktober

Bereit sein ist viel, warten können ist mehr,
doch erst den rechten Augenblick nützen, ist alles.

Arthur Schnitzler

Ereignis des Tages: Jacqueline Kennedy heiratet den griechischen Reeder und Milliardär Aristoteles Onassis (1968).

Geburtstag: Stefan Raab, dt. Entertainer (1966)

21. Oktober

Die Natur des Geistes ist so gearbeitet, dass uns der Wechsel meist mehr Erholung schafft als die Ruhe.

Ernst Freiherr von Feuchtersleben

Ereignis des Tages: Das Musical »My Fair Lady« wird uraufgeführt (1964).
Geburtstag: Gustav Langenscheidt, dt. Verleger (1882–1895)

22. Oktober

Die Kunst der Weisheit besteht darin,
zu wissen, was man übersehen muss.

William James

Ereignis des Tages: Der französische Schriftsteller und Philosoph Jean Paul Sartre lehnt die Annahme des Literaturnobelpreises ab (1964).

Geburtstag: Catherérine Deneuve, frz. Schauspielerin (1943)

23. Oktober

Fürchte dich nicht vor einem großen Schritt. Mit zwei kleinen Sprüngen kannst du keine Schlucht überwinden.

Unbekannter Autor

Ereignis des Tages: Der Bundesrepublik Deutschland wird der Beitritt in die NATO gewährt (1954).

Geburtstag: Pelé, brasil. Fußballer (1940)

24. Oktober

Gäbe es die letzte Minute nicht,
so würde niemals etwas fertig.

Mark Twain

Ereignis des Tages: In Chile wird der Sozialist Salvador Allende zum Staatspräsidenten gewählt (1970).

Geburtstag: Gilbert Bécaud, frz. Sänger (1927–2001)

25. Oktober

Rein durch das Leben zu gehen ist unmöglich.
Aber sich zu reinigen ist möglich und höchstes Ziel.

Jakob Boßhart

Ereignis des Tages: »Schwarzer Freitag« an der New Yorker Börse:
Die Aktienkurse fallen dramatisch und treiben viele Unternehmer
und Privatleute in den finanziellen Ruin (1929).

Geburtstag: Pablo Picasso, span. Maler (1881–1973)

26. Oktober

Ein guter Mensch ist zuverlässiger als eine steinerne Brücke.

Marc Aurel

Ereignis des Tages: Königin Elisabeth II. verleiht den Beatles den Orden »Member of the British Empire« – Teile des Hochadels geben ihre Orden aus Protest zurück (1965).

Geburtstag: Hillary Clinton, amerik. Politikerin (1947)

27. Oktober

Das Geheimnis des Erfolges ist zu wissen, wie man abwartet.

Joseph Comte de Maistre

Ereignis des Tages: Spanien erkennt vertraglich den Mississippi als südliche Grenze der USA an (1795).

Geburtstag: Vanessa Mae, singap. Geigerin (1978)

28. Oktober

Auf einen Bambusstock kann man sich stützen,
nicht aber auf einen Strick.

Chinesisches Sprichwort

Ereignis des Tages: Enthüllung der Freiheitsstatue in New York.
Sie war ein Geschenk Frankreichs an die USA (1886).

Geburtstag: Julia Roberts, amerik. Schauspielerin (1967)

29. Oktober

Das Bewusstsein ist ein Wissen um unsere Vorstellungen.

Immanuel Kant

Ereignis des Tages: Uraufführung der tragikomödischen Oper »Don Giovanni« von Wolfgang Amadeus Mozart in Prag (1787).

Geburtstag: Winona Ryder, amerik. Schauspielerin (1971)

30. Oktober

Mancher Mensch hat ein großes Feuer in seiner Seele,
und niemand kommt, um sich daran zu wärmen.

Vincent van Gogh

Ereignis des Tages: Die Uraufführung des Films »Der Scheich« macht den Hauptdarsteller Rudolph Valentino über Nacht zum Frauenidol (1921).

Geburtstag: Ezra Pound, amerik. Lyriker (1885–1972)

31. Oktober

Nutzen muss man den Augenblick, der einmal nur sich bietet.

Friedrich Schiller

Ereignis des Tages: Martin Luther veröffentlicht seine 95 Thesen und löst damit die Spaltung der Kirche aus (1517).

Geburtstag: Charles Moore, amerik. Architekt (1925–1993)

November

1. November

Zu wissen, was man weiß,
und zu wissen, was man tut,
das ist Wissen.

Konfuzius

Ereignis des Tages: Enthüllung der berühmten Deckenfresken Michelangelos in der Sixtinischen Kapelle in Rom (1512).

Geburtstag: Hanna Höch, dt. Künstlerin (1889–1978)

2. November

Gesundheit ist weniger ein Zustand als eine Haltung,
und sie gedeiht mit der Freude am Leben.

Thomas von Aquin

Ereignis des Tages: Prozesseröffnung gegen Marianne Bachmeier, die ein Jahr zuvor den mutmaßlichen Mörder ihrer Tochter erschossen hatte (1982).

Geburtstag: Hera Lind, dt. Schriftstellerin (1957)

3. November

Bildung ist etwas Wunderbares. Doch sollte man sich von Zeit zu Zeit daran erinnern, dass wirklich Wissenswertes nicht gelehrt werden kann.

Oscar Wilde

Ereignis des Tages: Nach 12 Jahren gewinnt mit Bill Clinton erstmals wieder ein Mitglied der Demokratischen Partei die Präsidentschaftswahlen der USA (1992).

Geburtstag: Marika Rökk, dt. Schauspielerin (1913–2004)

4. November

Eine Frau ist erledigt, wenn sie Angst vor ihrer Rivalin hat.

Madame Dubarry

Ereignis des Tages: Entdeckung der fast unversehrten Grabkammer des ägyptischen Königs Tutenchamun (1922).

Geburtstag: Otto Bayer, dt. Chemiker (1902–1982)

5. November

Journalisten sind die Geburtshelfer und Totengräber der Zeit.

Karl Ferdinand Gutzkow

Ereignis des Tages: Eine Ausstellung des norwegischen Malers Edvard Munch in Berlin löst heftige Kritik aus (1892).

Geburtstag: Art Garfunkel, amerik. Musiker (1941)

6. November

Toleranz ist der Verdacht, dass der andere Recht hat.

Kurt Tucholsky

Ereignis des Tages: 1878 Uraufführung des Theaterstücks »Die Stützen der Gesellschaft« von Henrik Ibsen in Oslo.

Geburtstag: Barbara Eligmann, dt. Fernsehmoderatorin (1963)

7. November

Die Welt soll durch Zärtlichkeit gerettet werden.

Fjodor Michailowitsch Dostojewski

Ereignis des Tages: In New York wird die erste Hochschule für Frauen eröffnet (1821).

Geburtstag: Albert Camus, frz. Philosoph (1913–1960)

8. November

Der Augenblick ist zeitlos.

Leonardo da Vinci

Ereignis des Tages: Der Physiker Wilhelm Conrad Röntgen entdeckt elektromagnetische Strahlen, die Röntgenstrahlen (1895).

Geburtstag: Alain Delon, frz. Filmschauspieler (1935)

9. November

Hundert männliche und hundert weibliche Eigenschaften
machen einen Menschen komplett.

Aus Tibet

Ereignis des Tages: Mehrstündiger Stromausfall in acht Bundesstaaten der USA und Kanadas führt zu einem Anstieg der Geburtenrate neun Monate später (1965).

Geburtstag: Sven Hannawald, dt. Skispringer (1974)

10. November

Wer sich keinen Punkt denken kann,
der ist einfach zu faul dazu.

Wilhelm Busch

Ereignis des Tages: Die Vorschulserie »Sesame Street« läuft an (1965).
Geburtstag: Richard Burton, brit. Schauspieler (1925–1984)

11. November

Man darf nicht das, was uns unwahrscheinlich und unnatürlich erscheint, mit dem verwechseln, was absolut unmöglich ist.

Carl Friedrich Gauß

Ereignis des Tages: In Russland beginnt das Eisenbahn-Zeitalter mit der Linie St. Petersburg-Puschkin (1837).

Geburtstag: Leonardo DiCaprio, amerik. Schauspieler (1974)

12. November

> Wer die Geometrie begreift,
> vermag in dieser Welt alles zu begreifen.
>
> *Galileo Galilei*

Ereignis des Tages: Einweihung der Golden-Gate-Bridge in San Francisco (1936).
Geburtstag: Gracia Patrcia, Fürstin von Monaco (1929–1982)

13. November

Hoffnung und Freude sind die besten Ärzte.

Wilhelm Raabe

Ereignis des Tages: Uraufführung des sozialkritischen Theaterstückes »Glaube Liebe Hoffnung« von Ödön von Horváth (1936).

Geburtstag: Whoopi Goldberg, amerik. Schauspielerin (1949)

14. November

Stelle dich auf dich selbst; ahme niemals nach.
In deine eigenen Gaben kannst du in jedem Augenblick
die gesammelte Kraft deiner ganzen Lebensarbeit legen,
aber von dem angenommenen Talent eines andern hast
du immer nur einen improvisierten und halben Besitz.

Ralph Waldo Emerson

Ereignis des Tages: Die British Broadcasting Company (BBC) wird gegründet (1922).

Geburtstag: Charles, Prinz von Wales (1948)

15. November

Bedacht ist schon, was zu bedenken ist.

Friedrich von Schiller

Ereignis des Tages: Das erste elektrische Hörgerät wird in den USA zum Patent angemeldet (1901).

Geburtstag: Wolf Biermann, dt. Lyriker (1936)

16. November

Alles ist schwierig, bevor es leicht wird.

Saadi

Ereignis des Tages: Dem Liedermacher Wolf Biermann wird die DDR-Staatsbürgerschaft entzogen (1976).

Geburtstag: Lothar Späth, dt. Politiker (1937)

17. November

Es ist nicht zu wenig Zeit, die wir haben,
sondern zu viel Zeit, die wir nicht nützen!

Seneca

Ereignis des Tages: Elisabeth I., die Tochter Heinrichs VIII., besteigt den englischen Thron (1558).

Geburtstag: Martin Scorsese, amerik. Filmregisseur (1942)

18. November

Das beste Mittel, jeden Tag gut zu beginnen, ist beim Erwachen daran denken, ob man nicht wenigstens einem Menschen an diesem Tage eine Freude machen könne.

Friedrich Nietzsche

Ereignis des Tages: Der Historienfilm »Ben Hur« von William Wyler wird in den USA uraufgeführt (1959).

Geburtstag: Klaus Mann, dt. Schriftsteller (1906–1949)

19. November

Wie du beim Sterben gelebt zu haben wünschest,
so sollst du jetzt schon leben.

Marc Aurel

Ereignis des Tages: Das »Museo del Prado« in Madrid wird eröffnet (1819).
Geburtstag: Jodie Forster, amerik. Schauspielerin (1962)

20. November

Die höchste Vollkommenheit der Seele
ist ihre Fähigkeit zur Freude.

Luc de Clapiers Vauvenargues

Ereignis des Tages: Das Musical »Cabaret« wird in New York uraufgeführt (1966).
Geburtstag: Robert Kennedy, amerik. Politiker (1925–1968)

21. November

Wer tugendhaft lebt, wird geehrt, aber nicht beneidet.

Persisches Sprichwort

Ereignis des Tages: Das Kriegsheimkehrerschauspiel »Draußen vor der Tür« von Wolfgang Borchert wird in Hamburg uraufgeführt (1947).

Geburtstag: Goldie Hawn, amerik. Schauspielerin (1945)

22. November

Ein Kompliment ist so etwas
wie ein Kuss durch einen Schleier.

Victor Hugo

Ereignis des Tages: Angela Merkel wird vom Bundestag
zur Bundeskanzlerin gewählt (2005).

Geburtstag: Sheryl Crow, amerik. Sängerin (1963)

23. November

So notwendig wie die Freundschaft ist nichts im Leben.

Aristoteles

Ereignis des Tages: An der Harvard-Universität in den USA findet der erste Eingriff in das Erbgut statt (1969).

Geburtstag: Marieluise Fleißner, dt. Schriftstellerin (1901–1974)

24. November

So viel in dir die Liebe wächst, so viel
wächst die Schönheit in dir. Denn die Liebe
ist die Schönheit der Seele.

Augustinus

Ereignis des Tages: Mit dem Start des Films »Harry Potter und der Stein der Weisen«
erlebt die Harry-Potter-Manie in Deutschland einen weiteren Höhepunkt (2001).

Geburtstag: Henri de Toulouse-Lautrec, frz. Maler (1864–1901)

25. November

Wir leben immer in einer Welt, die wir uns selbst einbilden.

Johann Gottfried von Herder

Ereignis des Tages: Durch große Ölknappheit kommt es zu einem autofreien Sonntag (1973).

Geburtstag: Carl Benz, dt. Ingenieur (1844–1929)

26. November

Es ist nie zu spät, das zu werden,
was man hätte werden können.

George Eliot

Ereignis des Tages: In Großbritannien wird der größte Raub in der Geschichte des Landes verübt. Der Wert der Beute beläuft sich auf über 100 Mio. DM (1983).

Geburtstag: Tina Turner, amerik. Rocksängerin (1939)

27. November

Wahrhaft Großes zu leisten, ist nur dem in sich ganz gesammelten und abgeschlossenen Gemüt möglich.

Carl Maria von Weber

Ereignis des Tages: Uraufführung des Kinofilms »Casablanca« mit Humphrey Bogart und Ingrid Bergman (1942).

Geburtstag: Jimi Hendrix, amerik. Rockmusiker (1942–1970)

28. November

Vergib stets deinen Feinden,
nichts verdrießt sie so.

Oscar Wilde

Ereignis des Tages: Aufgrund einer Abstimmung in der Bevölkerung entscheidet sich Norwegen erneut gegen eine Teilnahme an der Europäischen Union (1994).

Geburtstag: Stefan Zweig, österr. Schriftsteller (1881–1942)

29. November

Das Glück deines Lebens hängt
von der Beschaffenheit deiner Gedanken ab.

Marc Aurel

Ereignis des Tages: Die Vollversammlung der Vereinten Nationen beschließt, Palästina in ein jüdisches und ein arabisches Gebiet aufzuteilen (1947).

Geburtstag: Jacques Chirac, frz. Staatspräsident (1932)

30. November

Man muss lachen, bevor man glücklich ist,
weil man sonst sterben könnte, ohne gelacht zu haben.

Jean de La Bruyère

Ereignis des Tages: Das erste Fußballländerspiel wird ausgetragen:
England spielt gegen Schottland, die Partie endet unentschieden (1872).

Geburtstag: Heinz Rudolf Kunze, dt. Sänger (1956)

Dezember

1. Dezember

Geduld ist ebenso schmachvoll wie Eile:
Beide sind Furcht.

Walther Rathenau

Ereignis des Tages: Das Männermagazin »Playboy«
veröffentlicht seine erste Ausgabe (1953).

Geburtstag: Woody Allen, amerik. Filmregisseur (1935)

2. Dezember

Toleranz bedeutet: die Fehler des anderen entschuldigen.
Takt heißt: sie nicht bemerken.

Arthur Schnitzler

Ereignis des Tages: Der letzte Kaiser von China, Puyi, wird als Dreijähriger gekrönt. 1912 dankt er ab (1908).

Geburtstag: Ulrich Wickert, dt. Moderator (1942)

3. Dezember

Das hat man doch nicht in seiner Macht,
in wen man sich verliebt!

Henrik Ibsen

Ereignis des Tages: Mit der Hauptrolle in dem Theaterstück »Endstation Sehnsucht« von Tennessee Williams gelangt Marlon Brando zu Weltruhm (1947).

Geburtstag: Katarina Witt, dt. Eiskunstläuferin (1965)

4. Dezember

Auch ist es besser, Gefahren auf halbem Wege entgegenzugehen, wenn sie nicht näherkommen, als zu lange auf ihr Herankommen zu warten; denn wenn jemand zu lange wacht, kann man darauf wetten, dass er einschläft.

Francis Bacon

Ereignis des Tages: Mit Boutros Boutros-Ghali wird der erste Afrikaner Generalsekretär der Vereinten Nationen (1991).

Geburtstag: Jeff Bridges, amerik. Schauspieler (1949)

5. Dezember

Es ist besser, für etwas zu kämpfen, als gegen etwas.

Amos Bronson Alcott

Ereignis des Tages: Das seit 1919 gültige Alkoholverbot
in den USA wird aufgehoben (1933).

Geburtstag: Walt Disney, amerik. Filmproduzent (1901–1966)

6. Dezember

Die Vernunft ist des Herzens größte Feindin.

Giacomo Girolamo Casanova

Ereignis des Tages: Mit einer 45 km langen Lichterkette von über 400 000 beteiligten Personen wird in München gegen Ausländerfeindlichkeit demonstriert (1992).

Geburtstag: Marius Müller-Westernhagen, dt. Sänger (1948)

7. Dezember

Ein guter Roman erzählt die Wahrheit über den Helden,
aber ein schlechter Roman erzählt die Wahrheit über den Autor.

Gilbert Keith Chesterton

Ereignis des Tages: Veröffentlichung des Romans »Das Schloss« von Franz Kafka (1926).

Geburtstag: Stuart Davis, amerik. Maler (1894–1964)

8. Dezember

Der Weg zum Ziel beginnt an dem Tag, an dem du die hundertprozentige Verantwortung für dein Tun übernimmst.

Dante Alighieri

Ereignis des Tages: Der Musiker John Lennon wird von einem Geisteskranken ermordet (1980).

Geburtstag: Kim Basinger, amerik. Schauspielerin (1953)

9. Dezember

Das Rechte erkennen und nicht tun:
Das ist Mangel an Mut.

Konfuzius

Ereignis des Tages: 1982 Der Film »E. T. – der Außerirdische« beginnt seinen Erfolgsweg durch deutsche Kinos.

Geburtstag: Johannes B. Kerner, dt. Moderator (1964)

10. Dezember

Jede Freude ist ein Gewinn und bleibt es,
auch wenn er noch so klein ist.

Robert Browning

Ereignis des Tages: London ist die erste Stadt, die eine Gaslaterne als Ampel für Fußgänger aufstellt (1868).

Geburtstag: Matthias Reim, dt. Sänger (1957)

11. Dezember

Wenn du gehen kannst, kannst du auch tanzen.
Wenn du sprechen kannst, kannst du auch singen.

Afrikanisches Sprichwort

Ereignis des Tages: Die UNO (Vereinte Nationen) gründet ihr Hilfswerk UNICEF, eine Vereinigung zur besonderen Unterstützung von Kindern (1946).

Geburtstag: Robert Koch, dt. Arzt (1843–1910)

12. Dezember

Durch Eintracht wachsen die kleinsten Dinge,
durch Zwietracht zerfallen die größten.

Sallust

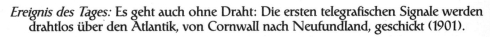

Ereignis des Tages: Es geht auch ohne Draht: Die ersten telegrafischen Signale werden drahtlos über den Atlantik, von Cornwall nach Neufundland, geschickt (1901).

Geburtstag: Frank Sinatra, amerik. Entertainer (1915–1998)

13. Dezember

Im Grunde sind es immer die Verbindungen mit Menschen,
die dem Leben einen Wert geben.

Wilhelm von Humboldt

Ereignis des Tages: Die erste Bundestagspräsidentin heißt Annemarie Renger (1972).

Geburtstag: Heino, dt. Schlagersänger (1939)

14. Dezember

Je einfacher und schmuckloser man seine Gedanken vorträgt,
desto stärker wirken sie.

Otto von Bismarck

Ereignis des Tages: Großes Aufsehen erregt die Veröffentlichung von D. H. Lawrences Roman »Lady Chatterleys Lover« wegen allzu freizügiger Szenen (1928).

Geburtstag: Eva Mattes, dt. Schauspielerin (1954)

15. Dezember

Das Genie hat etwas vom Instinkt der Zugvögel.

Jakob Boßhart

Ereignis des Tages: Uraufführung des späteren Kassenschlagers »Vom Winde verweht« (1939).

Geburtstag: Don Johnson, amerik. Schauspieler (1948)

16. Dezember

Du weißt nicht, wer dein Freund oder Feind ist,
bevor das Eis bricht.

Sprichwort der Inuit

Ereignis des Tages: Kardinal Joachim Meisner wird Erzbischof in Köln (1988).

Geburtstag: Bärbel Schäfer, dt. Moderatorin (1964)

17. Dezember

Es steckt oft mehr Geist und Scharfsinn in einem Irrtum
als in einer Entdeckung.

Joseph Joubert

Ereignis des Tages: Die Gebrüder Wright starten in den USA zu ihrem ersten mit Motorkraft angetriebenen gelenkten Flug (1903).

Geburtstag: Ludwig van Beethoven, dt. Komponist (1770–1834)

18. Dezember

Nicht Sieg sollte Zweck der Diskussion sein,
sondern Gewinn.

Joseph Joubert

Ereignis des Tages: In Wien wird die erste Schreibmaschine erfunden (1866).
Geburtstag: Brad Pitt, amerik. Schauspieler (1963)

19. Dezember

Nichts in der Welt ist so ansteckend
wie Gelächter und gute Laune.

Charles Dickens

Ereignis des Tages: Margaret Thatcher, die britische Premierministerin, unterschreibt einen Vertrag, der die Rückgabe Hongkongs an China regelt (1984).

Geburtstag: Til Schweiger, dt. Schauspieler (1962)

20. Dezember

Während man es aufschiebt, verrinnt das Leben.

Seneca

Ereignis des Tages: Dem neuseeländischen Physiker Ernest Rutherford gelingt der wissenschaftliche Nachweis des Atomkerns (1910).

Geburtstag: Otto Graf Lambsdorff, dt. Politiker (1926)

21. Dezember

Das Privileg der Götter wie der Menschen ist das Lachen.

Demokrit

Ereignis des Tages: Kinostart des ersten Walt-Disney-Zeichentrickfilms »Schneewittchen und die sieben Zwerge« (1937).

Geburtstag: Frank Zappa, amerik. Rockmusiker (1940–1993)

22. Dezember

Ein Augenblick der Seelenruhe ist besser als alles,
was du sonst erstreben magst.

Persische Weisheit

Ereignis des Tages: Rücktritt des italienischen Ministerpräsidenten Berlusconi wegen Korruptionsverdachts (1994).

Geburtstag: Gustaf Gründgens, dt. Schauspieler (1899–1963)

23. Dezember

Wer immer in Zerstreuungen lebt,
wird fremd im eigenen Herzen.

Adolph Freiherr Knigge

Ereignis des Tages: Auf der Pariser Place de la Concorde wird ein altägyptischer Obelisk aufgerichtet, ein Geschenk der ägyptischen Regierung (1833).

Geburtstag: Helmut Schmidt, dt. Politiker (1918)

24. Dezember

Die unwandelbare Freundschaft und der ewige Friede
zwischen allen Völkern – sind das denn Träume?
Nein, der Hass und der Krieg sind Träume,
aus denen man einst erwachen wird.

Ludwig Börne

Ereignis des Tages: Libyen erhält als konstitutionelle Monarchie Souveränität (1951).

Geburtstag: Ava Gardner, amerik. Schauspielerin (1922–1990)

25. Dezember

Ein Kuss klingt nicht so laut wie eine Kanone.
Aber das Echo lebt länger.

Oliver Wendell Holmes

Ereignis des Tages: Der sizilianische Vulkan Ätna bricht aus (1985).

Geburtstag: Annie Lennox, schott. Sängerin (1954)

26. Dezember

Auch wenn die Kräfte fehlen,
ist doch der gute Wille zu loben.

Ovid

Ereignis des Tages: Zum ersten Mal in der Geschichte des Boxsports gewinnt mit dem US-Amerikaner Jack Johnson ein Schwarzer den Champion-Titel (1908).

Geburtstag: Mao Tse-Tung, chines. Revolutionär und Staatsmann (1893–1976)

27. Dezember

Freiwillige Abhängigkeit ist der schönste Zustand,
und wie wäre der möglich ohne Liebe?

Johann Wolfgang von Goethe

Ereignis des Tages: In der Paulskirche in Frankfurt verkündet die Frankfurter Nationalversammlung die Grundrechte der deutschen Bürger (1848).

Geburtstag: Marlene Dietrich, dt. Schauspielerin (1904–1992)

28. Dezember

Staunen, das ist der Same des Wissens.

Francis Bacon

Ereignis des Tages: Die erste Kinovorführung der Brüder Lumière findet in Paris statt (1895).

Geburtstag: Hildegard Knef, dt. Schauspielerin und Sängerin (1925–2002)

29. Dezember

Du zählst im Elend keinen Freund.

Euripides

Ereignis des Tages: Der Schriftsteller Vaclav Havel wird zum tschechischen Präsidenten gewählt (1989).

Geburtstag: Marianne Faithfull, engl. Sängerin (1947)

30. Dezember

Alles, was gegen die Natur ist,
hat auf Dauer keinen Bestand.

Charles Darwin

Ereignis des Tages: Die UdSSR wird von Russland, Weißrussland, der Ukraine und Transkaukasien ins Leben gerufen (1922).

Geburtstag: Hans-Hubert »Berti« Vogts, dt. Fußballspieler und -trainer (1946)

31. Dezember

Die einfachsten Wahrheiten sind es,
auf die ein Mensch immer am spätesten kommt.

Ludwig Feuerbach

Ereignis des Tages: In seiner Silvesterpredigt rechtfertigt der Kölner Kardinal Frings den Kohlenklau der Bevölkerung (1946).

Geburtstag: Henri Matisse, frz. Maler (1869–1954)